www.tredition.de

Thomas Gossler

Durch Null teilt man nicht!

© 2020 Thomas Gossler

Verlag und Druck:
tredition GmbH, Halenreie 40-44, 22359 Hamburg

ISBN
Paperback: 978-3-347-17086-5
Hardcover: 978-3-347-17087-2
e-Book: 978-3-347-17088-9

Für meine Frau Moni, und

meine beiden Kinder Sarah und Oli,

die meine mathematische Logik und

meinen dazugehörigen Humor

immer geduldig und tapfer

ertragen haben.

Über den Autor

Thomas Gossler lebt in der Schokoladen-Stadt Waldenbuch und ist Jahrgang 1962. Nach seinem Mathestudium ging er zu einem großen amerikanischen IT-Konzern und ist dort verantwortlicher Leiter für die Entwicklung von Betriebssystemen auf Großrechnern. Aufgrund seines Jobs hat Thomas Gossler mehrere Jahre in New York und Peking gelebt. Obwohl er berufsmäßig nur noch wenig direkt mit Mathematik zu tun hat, hat er die Passion für Mathe nie verloren. Dies ist sein erstes Buch mit Geschichten zum Schmunzeln und Staunen rund um Mathematik, die durch ein paar Tipps und Hintergrundwissen ergänzt werden, wie man mit etwas Mathe besser durch das Leben kommt.

Zum Buch

„Mathe war mein Alptraum in der Schule!". Ich weiß nicht, ob sie dies jemals gesagt haben, aber ich bin mir ziemlich sicher, dass sie zumindest jemanden kennen oder kannten, der diese Äußerung von sich gegeben hat.

Viele Dinge aus dem Mathe-Unterricht brauchen die meisten Menschen selten, wenn überhaupt, auf ihrem weiteren Lebensweg. Aber es gibt durchaus Dinge im täglichen Leben, die mit einfachen mathematischen Kenntnissen einfach viel besser zu bewältigen sind. Ich weiß, sie werden jetzt denken, dass sie seit vielen Jahren ihren Schulabschluss haben, aber noch nie eine Wurzel aus irgendwelchen Buchstaben in Klammern ziehen mussten. Mathe wird oft reduziert auf komplizierte Formeln mit vielen Buchstaben. Aber Mathe ist viel mehr und hilft die Welt mit anderen Augen zu sehen, falls sie bereit sind sich ihrer Fantasie hinzugeben.

Darum würde ich sie gerne auf eine kleine Reise durch die Mathematik mitnehmen. Sie können auf dieser Reise hoffentlich viel Schmunzeln, Staunen, Lernen und Verstehen. Außerdem hoffe ich, dass ich ihnen ein paar nützliche Tipps an die Hand geben kann, wie man mit etwas Mathe besser durch das Leben kommt. Dazu müssen sie natürlich etwas Bereitschaft mitbringen. Ich hoffe, mir gelingt es, sie bis zum Schluss der Reise an Bord zu behalten.

Sind sie wirklich sattelfest, wenn es um Prozentrechnung geht?

Wie wähle ich das beste Angebot aus?

Wie berechne ich geschickt eine Preisreduzierung durch mehrfache Rabatte?

Kann ich diese Wohnung mit einem Kredit stemmen?

Wie kann ich meinen Partner zu weniger Ausgaben für Klamotten überzeugen?

Wie hoch ist die Wahrscheinlichkeit einen „6er" im Lotto zu haben, um beim Klamotten-Kauf etwas entspannter zu sein?

Warum heißt „Google" eigentlich „Google"?

Worauf sollte ich beim Erfinden von Zahlen achten?

Warum brauche ich eigentlich 128 GB auf meinem Handy?

Warum zeigt mein Taschenrechner häufig falsche Ergebnisse an?

Wie weit kann ich auf das Meer gucken?

Schneidet sich mein Friseur selbst die Haare, oder nicht?

Gibt es auf jede Frage auch eine Antwort?

Wie lange ist mein Anhalteweg, wenn ich bei einer Geschwindigkeit von 100 km/h ein Hindernis sehe?

Wie berechne ich die Verdopplungszeit bei der Ausbreitung einer Viruspandemie?

Kann man die Zukunft errechnen?

Dies sind einige der Themen, die ich in neun kleinen Kapiteln in diesem Buch behandeln werde. Dabei habe ich versucht das eine oder andere Lustige zum Thema „Mathe-Aha-Erlebnis" einzubauen. Manchmal echt kurios, aber vieles wirklich erlebt, und einiges natürlich auch erfunden.

Ich habe versucht weitgehend, ohne Formel auszukommen und mehr den Zusammenhang zu erläutern, allerdings kam ich doch um die eine oder andere Formel nicht herum. Sie müssen diese Formeln aber weder herleiten noch auswendig lernen. Allerdings sollten sie wissen, dass es diese Formeln gibt und dass manche dieser Formeln helfen können Licht in die Dunkelheit zu bringen. Formeln sind Werkzeuge, aber auf das Verstehen kommt es an.

Vielleicht haben sie ja sogar Lust auf mehr. Es gibt durchaus gute Bücher, die ich empfehlen kann. Eventuell schreibe ich auch ein zweites Buch dazu, wenn es genügend Menschen gibt, die mein erstes Buch lesen.

Zu mir hat mal jemand gesagt „Obwohl ich in Mathe eine Niete war, ist aus mir etwas geworden". Ich antwortete „Stell dir nur vor, was aus dir hätte werden können, wenn du Mathe geblickt hättest". Wobei dies natürlich keine logische Folgerung ist. Ich denke da nur an einen ehemaligen Mitschüler, der mittlerweile ein erfolgreicher Zahnarzt ist. Er sagte kürzlich zu mir „Fast hätte ich unseren alten Mathelehrer vergessen, der mich immer auslachte, als ich damals in der Oberstufe sagte, dass ich einmal Zahnarzt werden möchte. Aber wie das Schicksal so spielt, kam unser alter Mathelehrer am letzten Wochenende zu mir in die Notfall Sprechstunde". Mir tat unser armer Mathelehrer fast leid, als ich diese Geschichte hörte.

Viel Spaß beim Lesen, Staunen, Lachen und Lernen.

Dieses Buch ist für alle Nicht-Mathematiker, die offen sind ihren Horizont zu erweitern.

Für Anregungen, Fehler oder andere (sinnvolle) Kommentare bin ich offen.

Sie können mich einfach mit per E-Mail erreichen.

thomasgossler@me.com

Waldenbuch, im COVID-19 Jahr 2020.

Inhalt

1. Die lieben Prozente

Prozente sind ein fester Bestandteil unseres Lebens, sei es bei Einkaufsrabatten, bei Sparzinsen, bei der Festlegung der Einkommensteuer, bei Verhandlungen zu einer Gehaltserhöhung, bei Angaben zu den Gewinnern der letzten Landtagswahl, oder bei der jährlichen Inflation. Und wahrscheinlich glauben die meisten Menschen absolut sattelfest zu sein, wenn es darum geht Prozente zu berechnen, zu berücksichtigen oder zu deuten. Aber ist dem wirklich so? Sind sie sattelfest darin? Der Umgang mit Prozenten war für mich die ursprüngliche Inspiration zu diesem Buch. Ich habe häufig erlebt, dass Menschen um mich herum, teilweise abenteuerlich und kurios mit Prozenten umgehen. Daher fangen wir auch mit einem Kapitel zum Thema Prozente an.

Das Wort „Prozent" kommt aus dem lateinischen und bedeutet wörtlich übersetzt „von Hundert". Eine Angabe in Prozent soll Größenverhältnisse besser veranschaulichen und vergleichbar machen, indem die Prozentangabe in Bezug zu einem einheitlichen Grundwert ins Verhältnis gesetzt wird. Prozentangaben werden durch das Prozentzeichen % gekennzeichnet, aber letztlich muss man Prozentzahlen in entweder Bruchzahlen oder Dezimalzahlen umwandeln, um damit rechnen zu können, zum Beispiel 23 % = 23/100 = 0,23. Prozentangaben beziehen sich dabei auf einen Grundwert und der Prozentsatz gibt die Anzahl der Hundertstel des Grundwertes an. Der absolute Wert, der zu dem Prozentsatz passt, wird Prozentwert genannt. Den Prozentwert erhält man daher, wenn man den Grundwert mit dem Prozentsatz multipliziert. Klingt alles viel verwirrender als es in Wirklichkeit ist.

Die dazugehörigen einfachen Formeln lauten daher:

$$\text{Prozentwert} = \text{Grundwert} \cdot \text{Prozentsatz}$$

$$\text{Grundwert} = \frac{\text{Prozentwert}}{\text{Prozentsatz}}$$

$$\text{Prozentsatz} = \frac{\text{Prozentwert}}{\text{Grundwert}}$$

Klingt logisch, oder?

Ein einfaches Beispiel: Herr Müller hat einen Bruttolohn von 2000 € und erhält eine Gehaltserhöhung von 3 % was 60 € entspricht.

Grundwert = 2.000 €

Prozentsatz = 3 % oder 3/100 oder 0,03

Prozentwert = 3/100 · 2.000 € = 0,03 · 2.000 € = 60 €

Herr Müller hat daher eine Gehaltserhöhung von 60 € erhalten.

Also alles ganz einfach und leicht anwendbar, oder?

Neben diesen schönen Rechenaufgaben werden Prozente oft benutzt, um Verteilungen und Verhältnisse besser zu veranschaulichen. Damit erhält man dann ein besseres Verständnis, welche Gruppen anteilsmäßig in einer größeren Gruppe besondere Merkmale haben, z. B. 80 % der Bevölkerung sind Experten der Prozentrechnung, 10 % der Bevölkerung haben ein moderates Wissen zu Prozentrechnung und 10 % haben keine Ahnung davon. Die Zahlen sind natürlich erfunden, aber sie vermitteln eine bessere Übersicht, wie absolute Information. Die Aussage, dass 4.213.567 Menschen keine Ahnung von Prozentrechnung haben ist zwar sehr informativ, aber meist interessiert ja mehr welchen Anteil an der Gesamtbevölkerung diese 4.213.567 Menschen repräsentieren.

Bei Prozenten gibt es immer zwei Aspekte. Man muss sie richtig deuten und man muss sie richtig berechnen.

Wir fangen im nächsten Kapitel mit dem Rechnen an. Deuten und Interpretieren tun wir dann im Anschluss, nachdem wir wieder frisch und flink sind beim Rechnen mit Prozenten.

Drei Paar Socken

Berufsbedingt verbrachten meine Familie und ich mehrere Jahre in den USA. Obwohl ich kein fanatischer „Shopper" bin, ist Shoppen in den USA eine Erfahrung, die ich nicht missen möchte. Zum einen ist das Verkaufspersonal in USA viel hilfsbereiter und freundlicher als in Deutschland und zum anderen gibt es dort ständig irgendwelche Sonderverkäufe, bei denen man „satte Prozente" auf seine Einkäufe bekommt. Selbst wenn Weihnachten nicht vor der Tür steht, haben die meisten großen „Department Stores" immer einen Grund ihre Kundschaft zum Einkaufen zu animieren.

Die folgende Geschichte ist eine wahre Begebenheit, die sich für immer in mein Hirn eingebrannt hat. Ein Hochgenuss der Prozentrechnung! Meine Frau meinte, ich bräuchte ein paar neue Hemden. Also gingen wir an einem „Super Sale Sonntag" in einen „Department Store" und wurden dort auch schnell fündig. Auf fast alles gab es deftige Rabatte, sodass wir wieder mehr kauften, als nötig war. Aber die Preise stimmten zumindest. Nach getaner Arbeit reihten wir uns, mit unserem Schnäppchen unter dem Arm, in die Schlange vor der Kasse ein. Vor uns stand eine Amerikanerin, etwa Ende zwanzig, in der Schlange. Sie hatte drei Paar Socken, zu je 5 $, in ihren Händen. An sich schon ein guter Preis, aber heute waren alle Socken und Strumpfwaren um weitere zwanzig Prozent reduziert. Also ein tolles Schnäppchen!

Endlich konnte die junge Frau zur Kassiererin durchdringen und legte ordentlich ihre drei Paar Socken auf die Verkaufstheke. Und nun folgte ein Hochgenuss der Prozentrechnung. Die junge Amerikanerin sagte zur Kassiererin, dass sie drei Paar Socken hätte und machte, die Kassiererin noch mal darauf aufmerksam, dass es zusätzliche 20 Prozent Rabatt auf Socken gibt. Dann kam der Hammersatz:

„Da ich drei Paar Socken kaufe, bekomme ich dreimal 20 Prozent, also insgesamt 60 Prozent, Rabatt auf meine Socken!"

Der Hammer. Ich dachte erst die Kundin macht einen Scherz, aber dem war nicht so. Es ist ja „logisch", denn wenn man 20 Prozent auf ein Paar

Socken bekommt, dann sollte man bei drei Paar Socken natürlich dreimal 20 Prozent, also 60 Prozent, bekommen. Nun dachte ich, dass die Kassiererin auf die übliche freundliche Art erklärt, dass da ein Rechenfehler vorliegt. Aber dem war nicht so! Man sah zwar, dass sie etwas verwundert war, aber das war es dann auch schon. Die Kassiererin erwiderte zu der jungen Frau, dass sie selbstverständlich die 60 Prozent berücksichtigen wird. Also tippte sie munter dreimal 5 $ in die Kasse ein und zog dann von dem Gesamtbetrag von 15 $ die magischen 60 Prozent, also 9 $, ab. Somit durfte die Kundin noch 6 $ für die drei Paar Socken bezahlen, was sie natürlich auch tat. Ich traute meinen Augen und Ohren nicht und sah ganz entsetzt meine Frau an. Meine Frau sah mich an und sagte „Sag nichts und freu dich für die junge Frau". Ich wollte der jungen Kundin natürlich ihr Schnäppchen nicht vermiesen und biss mir daher auf die Zunge. Aber letztlich musste ich doch noch einen Kommentar loswerden und sagte zu der Kundin „an ihrer Stelle hätte ich fünf Paar Socken genommen, dann wäre der Preis noch attraktiver gewesen" und grinste sie freundlich an. Sie verstand meine Pointe allerdings nicht und antworte nur, dass drei Paar Socken völlig ausreichend wären. Eifrig überlegte ich, ob ich die eben gelernte Rechenweise auch bei unserem Einkauf anbringen sollte. Aber ich wollte, durch eigennütziges Nachahmen, die Einzigartigkeit der „3 Paar Socken Prozent Rechnung" nicht zerstören. Also ließ ich es wie es war und erfreute mich über die Genugtuung, dass ich bei so einer historischen Mathematikstunde dabei sein durfte. Ich frage mich bis heute was passiert wäre, wenn die Kundin wirklich fünf Paar Socken gekauft hätte. Denn dann hätte sie ja 5 mal 20 % gleich 100 % Rabatt erhalten und der Einkauf wäre gänzlich umsonst gewesen.

Was war nun falsch an der Socken-Prozentrechnung? Wie am Anfang beschrieben, beziehen sich Prozentangaben auf einen Grundwert und beschreiben die Anzahl der Hundertstel des Grundwertes. Das heißt, es geht hier um ein Verhältnis, und das Verhältnis bleibt natürlich gleich egal, ob man ein Paar Socken oder drei Paar Socken kauft. Letztlich kann man sich das folgendermaßen bildlich vorstellen. Wenn man 100 Paar

Socken kaufen würde, dann würde man 20 Paar Socken umsonst bekommen, was 20 % entspricht. Wenn man nur 50 Paar Socken kaufen
würde, dann würde man, um dem Verhältnis treu zu bleiben, nur 10
Paar Socken umsonst bekommen. Letztlich ist 20 ÷ 100 das gleiche wie
10 ÷ 50. Also Prozente beschreiben immer ein Verhältnis.

Mehrfache Rabatte

Wirklich kompliziert und auch recht amüsant wird das Ganze dann noch, wenn bereits reduzierte Waren nochmals zusätzlich reduziert werden. In einem Schuhgeschäft eines großen Outlets waren alle Artikel bereits um 30 % reduziert. An einem „Super Sale Weekend" wurden dann die reduzierten Preise nochmals um 20 % reduziert. Insgesamt ergab eine Reduzierung von 30 % und dann eine weitere Reduzierung um weitere 20 % allerdings nur eine Preisreduzierung von insgesamt 44 % zum Originalpreis und nicht 50 %, obwohl uns mehrere Verkäufer und Verkäuferinnen die 50 % Reduzierung schmackhaft machen wollten.

Hier die Probe: Ein Paar Schuhe kostet ursprünglich 100 $. Die erste Reduzierung von 30 % beträgt 30 $. Die Schuhe kosten dann nur noch 70 $. Nun kommt noch einmal eine Reduzierung von 20 %. 20 % von 70 $ sind 14 $. Daher ist der zweifach reduzierte Preis 100 $ - 30 $ -14 $, was 56 $ ergibt. Im Vergleich zum Originalpreis von 100 $ ist der neue Preis 56 $, also um 44 $ reduziert. Dies entspricht einer Gesamtreduzierung von 44 %, nämlich 44 $ ÷ 100 $. Ich möchte nicht spekulieren wie viele Kunden mit dem Gefühl nach Hause gingen, dass sie durch eine 20 % plus 30 % Reduzierung insgesamt 50 % Rabatt erhalten hatten. Nach meiner Socken Erfahrung halte ich dies für sehr wahrscheinlich.

Haben sie es nachvollziehen können? Machen wir die Probe auf das Exempel.

Sie hatten von ihrer Tante einen größeren Betrag geerbt. Nach reichlicher Überlegung, beschlossenen sie, diesen Betrag in Aktien der Tourismus-Industrie anzulegen. Doch dann kam COVID-19 und ihre Tourismus-Aktien verloren um 50 % an Wert. Nun die Frage: Um wie viel Prozent müssen ihre Aktien nun wieder steigen, sodass sie zumindest wieder beim Wert des Einkaufspreises sind? Sagen Sie bitte nicht 50 %, denn dann haben sie es nämlich noch nicht verstanden.

Eigentlich dachte ich, dass einem so etwas nur im Shopping Paradies USA passieren kann, bis ich dann, wie schon so häufig, eines Besseren belehrt wurde. Auch im Land der Dichter und Denker gibt es Defizite im Umgang mit Prozenten.

Die Mehrwertsteuer

Zurück in Deutschland war Renovieren angesagt, da unsere Wohnung während unseres USA-Aufenthaltes leer stand und es an der Zeit war, das eine oder andere wieder in Schuss zu bringen. Also verbrachte ich viel Zeit in Baumärkten und kam in den Genuss einer weiteren interessanten Einkaufserfahrung. Bei uns im Stadtteil gab es einen kleinen Baumarkt, der zwar ein klein wenig teurer war wie die großen Baumarkt-Ketten, aber dafür schnell zu erreichen war. Die Betonung liegt auf „war", da es den Baumarkt leider heute nicht mehr gibt. Es kann durchaus sein, dass die Einstellung des Personals zum Thema Prozentrechnung einen Beitrag zur Schließung des Baumarktes beigetragen hat.

Also zurück zu meiner deutschen Prozent-Geschichte. Samstagnachmittag merkte ich, dass mein Bohrer für meine Bohrmaschine stumpf war und dass ich damit nie das neue Regal an die Wand bringen würde. Da ich keine Lust hatte weit und lange zu fahren, ging ich kurz zu dem besagten kleinen Baumarkt bei uns im Stadtteil. Als ich dort ankam, sah ich ein großes Plakat an der Eingangstür auf dem stand „Heute sparen sie sich bei ihrem Einkauf die 19 % Mehrwertsteuer". Natürlich kann ein Unternehmen nicht einfach beschließen keine Mehrwertsteuer mehr zu veranschlagen, aber letztlich war ja gemeint, dass alle Produkte zu dem Preis verkauft werden, der dem Preis ohne Mehrwertsteuer entspricht. Also wieder mal ein Schnäppchen und ich ließ mich auch gleich dazu hinreisen noch ein paar mehr Sachen mitzunehmen.

Als ich dann bei der Kasse ankam, hatte ich insgesamt Waren für 70 € in meinem Einkaufskorb. Da in Deutschland natürlich alle Waren inklusive Mehrwertsteuer ausgezeichnet sind, bestand nun die Herausforderung des Kassierers die Mehrwertsteuer als Rabatt abzuziehen. Dieser kleine Baumarkt verfügte über keine modernen Registrierkassen, sondern sämtliche Beträge wurden mit einer Art übergroßem Taschenrechner addiert. Der Kassierer erledigte dies auch sehr gewissenhaft und es ergab einen Betrag von genau 70 €. Der Kassierer machte mich dann darauf aufmerksam, dass er davon nun die 19 % gesetzliche Mehrwertsteuer abziehen werde und zog 19 % von meinen 70 € ab, sodass ich einen Rechnungsbetrag von 70 € minus 13,30 € (was 19 % von 70 € entspricht) also insgesamt 56,70 € bekam. Ich sah den Mitarbeiter des Baumarktes mit großen Augen an und, obwohl dies zu meinem finanziellen Nachteil war, sagte ich zu ihm, dass er, wenn er die Mehrwertsteuer abziehen möchte, nur knapp 16 % abziehen muss und keine 19 %. Mir wurde ein sehr erstaunter und unfreundlicher Blick zugeworfen und ich durfte mir anhören, dass die Mehrwertsteuer schon seit langem 19 % und nicht 16 % ist. Ich erwiderte, dass ich dies wüsste, aber er trotzdem nur circa 16 % abziehen dürfte. Ich verkniff mir, dass es, um genauer zu sein eher 15,97 % sind, die man abziehen muss, nämlich 100 geteilt durch 1,19 und dann dieses Ergebnis von 100 abgezogen. Also: 100 - (100 ÷ 1,19) = 15,97.

Aber der Baumarktmitarbeiter beschäftigte sich schon mit dem nächsten Kunden, der meine Argumentation scheinbar auch nicht verstand. Wahrscheinlich hätte ich ihn bitten sollen zu den 56,70 € nun wieder die 19 % Mehrwertsteuer zu addieren und er hätte gemerkt, dass 56,70 € plus 19 % zu 67,47 € geführt hätte, anstelle der erwarteten 70 €.

Also zusammenfassend muss ich sagen, dass sich speziell beim Einkaufen der Umgang mit Prozenten positiv für die Kunden auswirkt. Allerdings frage ich mich immer wieder, warum der Baumarkt schließen musste und ob es da Zusammenhänge gab.

Ein ähnliches Debakel in Deutschland gab es während der COVID-19-Pandemie im Jahre 2020. Um die Wirtschaft wieder anzukurbeln wurde beschlossen für die zweite Jahreshälfte 2020 die Mehrwertsteuer von 19 % auf 16 % zu reduzieren. In vielen Medien und selbst in Wirtschaftsnachrichten wurden davon gesprochen, dass sich dadurch die Preise für Artikel um 3 % (sprich 19 % minus 16 %) reduzieren. Aber das ist natürlich nicht korrekt, da die Reduzierung der Mehrwertsteuer um 3 % eine Reduzierung des Endpreises um ca. 2,5 % bewirkt.

Hier der Beweis: Eine Kaffeemaschine kostet ohne Mehrwertsteuer 100 €. Mit der üblichen Mehrwertsteuer von 19 % kommen noch mal 100 € · 19 ÷ 100 = 19 € darauf. Das heißt, bei einem Mehrwertsteuersatz von

19 % kostet die Kaffeemaschine dann 119 €. Bei der reduzierten Mehrwertsteuer von 16 % kostet die Kaffeemaschine nur noch 116 €. Die Kaffeemaschine wird daher 3 € günstiger (119 € - 116 €). 3 € vom Originalpreis von 119 € entspricht einem Prozentsatz von 3 € ÷ 119 € gleich 0,0252... gleich 2,52 %. Also keine 3 % Preisreduzierung, sondern etwas weniger. Na ja, solange es die Wirtschaft auch ankurbelt, so soll es auch recht sein mit dieser kleinen Ungenauigkeit.

Tipps und Tricks zu Prozenten

Es gibt drei wesentliche Formeln für das Rechnen mit Prozenten:

$$\text{Prozentwert} = \text{Grundwert} \cdot \text{Prozentsatz}$$

$$\text{Grundwert} = \frac{\text{Prozentwert}}{\text{Prozentsatz}}$$

$$\text{Prozentsatz} = \frac{\text{Prozentwert}}{\text{Grundwert}}$$

Allerdings kann man manches schnell und zügig errechnen, ohne sich viele Formeln merken zu müssen, wenn man das Grundprinzip von Prozenten verstanden hat.

Schnelles Prozentrechnen erfordert allerdings, dass man zügig Prozentangaben in Dezimalzahlen umrechnen kann und umgekehrt. Das geht einfach, wenn man den Faktor 100 im Kopf hat.

Hier einige Beispiele:

3 % ist gleichwertig mit 0,03

30 % ist gleichwertig mit 0,3

100 % ist gleichwertig mit 1

145 % ist gleichwertig mit 1,45

0,123 = 12,3 %

0,0123 = 1,23 %

0,00123 = 0,123 %

0,75 = 75 %

1,8 = 180 %

Außerdem sollte man folgendes im Kopf haben:

Wenn etwas um 30 % erhöht wird, dann entspricht der neue Wert:

100 % + 30 % = 130 % = 1,3

Wenn etwas um 30 % verringert oder reduziert wird, dann entspricht der neue Wert:

100 % - 30 % = 70 % = 0,7

Wenn etwas verdoppelt wird, dann entspricht der neue Wert:

100 % + 100 % = 200 % = 2

Wenn etwas halbiert wird, dann entspricht der neue Wert:

50 % = 0,5

Dazu ein paar einfache Beispielaufgaben:

Aufgabe 1: In einem Verein stimmen 20 Mitglieder für den neuen Vorstand ab. Rudi bekommt 40 % der Stimmen. Wie viele Stimmen hat Rudi?

Lösung: $20 \cdot 0,4 = 8$

Bemerkung: 40 % ist das gleiche wie 0,4

Aufgabe 2: Ein Anzug, der normalerweise 300 € kostet, wird um 20 % reduziert. Um wie viel ist der Anzug nun günstiger?

Lösung: 300 € $\cdot$ 0,2 = 60 €

Bemerkung: 20 % ist das gleiche wie 0,2

Aufgabe 3: Wie viel kostet der Anzug nun?

Lösung: 300 € $\cdot$ 0,8 = 240 € oder 300 € - 60 € = 240 €

Bemerkung: Eine Reduzierung um 20 % ist das gleiche wie 80 % vom Originalpreis. 80 % ist das gleiche wie 0,8.

Aufgabe 4: Eine wertvolle Briefmarke kostet 400 €. Aufgrund der Nachfrage wird die Marke um 10 % teurer. Was kostet sie jetzt?

Lösung: 400 € $\cdot$ 1,1 = 440 €

Bemerkung: Eine Erhöhung um 10 % bedeutet 110 % vom Originalpreis. 110 % ist das gleiche wie 1,1

Aufgabe 5: Ein Elektro-Auto im Wert von 20.000 € wird beim Händler um 20 % reduziert. Zusätzlich erhält der Käufer eine staatliche Prämie von 10 %. Wie viel kostet das Auto?

Lösung: 20.000 € · 0,8 · 0,9 = 14.400 €

Bemerkung: Eine Reduzierung um 20 % bedeutet 80 % vom Originalpreis. 80 % ist das gleiche wie 0,8. Eine weitere Prämie um 10 % bedeutet 90 % vom bereits reduzierten Preis. 90 % ist das gleiche wie 0,9.

Aufgabe 6: Nun eine Fallfrage, die viele spontan anders beantworten würden. Max hat in seinem Aktiendepot Aktien im Wert von 10.000 €. Erst fällt der Kurs um 50 % und dann steigt er wieder um 50 %. Was ist der Wert des Aktienpaketes nun?

Lösung: 10.000 € · 0,5 · 1,5 = 7.500 €

Bemerkung: Eine Reduzierung um 50 % bedeutet 50 % vom Originalwert. 50 % ist das gleiche wie 0,5. Eine Erhöhung um 50 % bedeutet 150 % vom Wert. 150 % ist das gleiche wie 1,5. Übrigens macht es keinen Unterschied, ob der Kurs erst fällt und dann steigt oder umgedreht. Für den Fall 50 % Zunahme und 50 % Abnahme ergibt sich nämlich der gleiche Wert

10.000 € · 1,5 · 0,5 = 7.500 €.

Die spontane Antwort ist oft, dass der Wert bleibt, wenn etwas um die gleiche Prozentzahl steigt und dann wieder fällt. Dem ist aber nicht so.

Aufgabe 7: Herr Maier hat eine 10 % Lohnerhöhung bekommen und verdient nun 4.400 €. Was hat er vorher verdient?

Lösung: 4.400 € ÷ 1,1 = 4000 €

Bemerkung: Eine Erhöhung um 10 % bedeutet 110 % vom derzeitigen Lohn. 110 % ist das gleiche wie 1,1.

Aufgabe 8: Herr Maier hat 5 % Gewicht verloren und wiegt nun 71,25 kg. Was hat er vorher gewogen?

Lösung: 71,25 kg ÷ 0,95 = 75 kg

Bemerkung: Ein Verlust um 5 % bedeutet 95 % vom alten Gewicht. 95 % ist das gleiche wie 0,95.

Aufgabe 9: Herr Maier verdient 4.000 € und bekommt eine Erhöhung von 200 €. Um wie viel % wurde sein Gehalt angehoben?

Lösung: 200 € ÷ 4.000 € = 0,05 = 5 %

Bemerkung: 0,05 ist das gleiche wie 5 %

Aufgabe 10: Herr Maier verdiente bisher 4.000 € und bekommt nun durch eine Erhöhung 4.200 €. Um wie viel % wurde sein Gehalt angehoben?

Lösung: (4.200 € - 4.000 €) ÷ 4.000 € = 0,05 = 5 %

Bemerkung: 0,05 ist das gleiche wie 5 %

Aufgabe 11: Herr Huber legt 10.000 € für 5 Jahre in Wertpapieren an. Im ersten Jahr gibt es 4 % Zinsen, vom zweiten bis zum vierten Jahr gibt es 5 %, und im 5. Jahr gibt es 8 % Zinsen. Wie hoch ist die Einlage nach 5 Jahren?

Lösung: 10.000 € · 1,04 · 1,05 · 1,05 · 1,05 · 1,08 = 13.002,44 €

Bemerkung: Eine Verzinsung um 5 % bedeutet 105 % vom ursprünglichen Wert. 105 % ist das gleiche wie 1,05, analog für 4 % und 8 %.

Aufgabe 12: Ein neues Tablet kostet Brutto (also mit 19 % Mehrwertsteuer) 476 €. Was ist der Netto-Preis?

Lösung: 476 € ÷ 1.19 = 400 €

Bemerkung: 19 % Mehrwertsteuer bedeuten, dass der Verkaufspreis 119 % vom Netto-Preis ist. 119 % ist das gleiche wie 1,19.

Aufgabe 13: Ein neues Tablet kostet Netto 400 €. Was ist der Brutto-Preis (also mit 19 % Mehrwertsteuer)?

Lösung: 400 € · 1,19 = 476 €

Bemerkung: 19 % Mehrwertsteuer bedeuten, dass der Verkaufspreis 119 % vom Netto-Preis ist. 119 % ist das gleiche wie 1,19

Aufgabe 14: Ein neues Tablet kostet Brutto (also mit 19 % Mehrwert-steuer) 476 €. Wie viel Mehrwertsteuer müssen sie bezahlen?

Lösung: 476 € - (476 € ÷ 1.19) = 76 €

Bemerkung: 19 % Mehrwertsteuer bedeuten, dass der Verkaufspreis 119 % vom Nettopreis ist. 119 % ist das gleiche wie 1,19

Aufgabe 15: Ein Händler gibt bei Sofort-Zahlung 3 % Skonto. Wie viel muss ein Kunde für einen Kühlschrank, der regulär 850 € kostet, bezah-len, wenn er sofort bezahlt? Um wie viel bekommt er den Kühlschrank günstiger?

Lösung: 850 € · 0,97 = 824,50 €; 850 €· 0,03 = 25,50 € (oder 850 € - 824,50 €)

Bemerkung: 3 % Skonto-Reduzierung bedeuten 97 % vom Verkaufs-preis. 97 % ist das gleiche wie 0,97. 3 % ist das gleiche wie 0,03.

Aufgabe 16: Das Risiko in einem Jahr einen Herzinfarkt zu bekommen ist 3 %. Durch den regelmäßigen Verzehr von Salami steigt dieses Risiko um 3 %. Wie hoch ist daher das Herzinfarktrisiko bei Salami-Essern?

Lösung: 3 % · 1,03 = 3,09 %.

Bemerkung: Eine Erhöhung um 3 % bedeutet 103 % vom derzeitigen Risiko. 103 % ist das gleiche wie 1,03. Also daher esse ich weiter Salami!

Aufgabe 17: Sie legen 10.000 € für 5 Jahre an und bekommen für jedes Jahr 6 % Zinsen. Wie viel haben sie nach Ablauf der 5 Jahre?

Lösung: 10.000 € · 1,06 · 1,06 · 1,06 · 1,06 · 1,06 = 13.382,26 €

Bemerkung: Eine Verzinsung um 6 % bedeutet 106 % von der Anlage. 106 % ist das gleiche wie 1,06. Übrigens, das werden sie von mir noch öfters hören. Mathematiker sind faule Leute, für 1,06 · 1,06 · 1,06 · 1,06 · 1,06 schreiben sie daher $1,06^5$

Alles klar? Solange die Grundformel bekannt ist und Prozente in Dezi-malzahlen umgerechnet werden können, ist Prozentrechnung eigent-lich kinderleicht!

Im Übrigen funktioniert dies alles sehr ähnlich, wenn es um Promille (‰) geht, nur dass Promille „von Tausend" bedeutet im Gegensatz zu „von Hundert" bei Prozenten.

Beispiel:

1000 ‰ = 1

100 ‰ = 0,1

10 ‰ = 0,01

1 ‰ = 0,001

0,5 ‰ = 0,0005

Aufgabe 18: Ein durchschnittlich schwerer, gesunder und erwachsener Mensch hat ein durchschnittliches Blutvolumen von sechs Litern.

Wie viel Alkohol hat dieser durchschnittliche Mensch im Blut, wenn bei einem Alkoholtest ein Wert von 0,8 ‰ festgestellt wurde?

Obstler hat einen Alkoholgehalt von 40 %.

Wie viel reiner Alkohol sind in einem Glas Obstler mit 2 cl?

Lösung:

0,0008· 6 l = 0,0048 l = 4,8 ml Alkohol im Blut bei 0,8 ‰ Blutalkohol

2 cl = 0,02 l = 20 ml; 0,4 · 20 ml = 8 ml Alkohol in 2 cl Obstler

Nun widmen wir uns der Deutung von Prozenten und sehen mal, was wir da so für Überraschungen erleben.

Oh, ist das steil!

Skifahren in Österreich! Pulverschnee, Sonnenschein, viel frische Luft und Jägertee zum Auflockern. Nach tollen Abfahrten sitzen wir in einer urigen Hütte und genießen einen Jägertee. Die Hütte ist voll und wir sitzen mit anderen Skifahrern an einem Tisch. Man kommt ins Gespräch, redet über den tollen Schnee und sobald man sich etwas näher kennt, kommen die Erzählungen zu abenteuerlichen Abfahrten.

Bei uns am Tisch sitzen mehrere Niederländer und ein paar Österreicher. Einer der Niederländer hat bereits ein paar Jägertees zum Auflockern zu sich genommen und ist gerade dabei von seinen schwierigsten und steilsten Abfahrten zu erzählen. „Die schwarze Abfahrt hinter der Hütte geht fast senkrecht nach unten und hat fast 100 % Steigung" prallt er. Obwohl ich auch schon beim zweiten Jägertee bin, passen für mich 100 % Steigung und fast senkrecht nicht so ganz zusammen. Ein Skilehrer, der die Aussage hörte, berichtigt den Niederländer und sagt „die Piste hat einen Winkel von circa 60° und sei bei Weitem nicht senkrecht, aber er könne ihm schon auch fast senkrechte Abfahrten zeigen". Ich proste beiden zu und sage zu ihnen, dass die Steigung dann eher bei 200 % liegt, wenn der Steigungswinkel um die 60° ist. Beide schauen mich erstaunt an und schließlich sagt der Skilehrer, dass eine Steigung ja kaum mehr als 100 % sein kann und rät mir weniger Jägertee zu trinken. Klingt nach kollektiver österreichischer und niederländischer Intelligenz. Ich proste beiden zu und bin froh, dass mich die Prozente im Tee zu keiner Steigerung meiner Aussage beflügeln.

Die Unterhaltung zeigte, dass es nicht nur darum geht mit Prozenten richtig zu rechnen, sondern auch genauer hineinzusehen was diese Prozente den letztlich bedeuten und auf welche Größen sie sich beziehen. Obwohl es absolut sinnvoll ist Steigungen in Prozenten anzugeben, wäre eine Angabe in Winkelgrad wahrscheinlich anschaulicher. Jeder kann sich sicher noch daran erinnern in der Schule mit dem Geo-Dreieck Winkel gezeichnet zu haben. Neunzig Grad ist ein rechter Winkel und ein „halber" rechter Winkel (wie bei der Diagonale in einem Quadrat) hat nun mal 45°.

Mit 100 % verbinden viele Menschen häufig das Maximale. 100 % eines Kuchens ist der ganze Kuchen und wenn eine Partei 100 % aller Stimmen bekommt, dann haben alle Wähler für sie gestimmt. In Verbindung mit Steigungen heißt 100 % allerdings nicht die maximale Steigung, also im maximalen Fall eine Senkrechte. Die Steigungsangabe in Prozent gibt den Höhenunterschied pro Horizontalstrecke an. Also bei einer Steigung von 12 % gibt es bei 100 m Horizontalstrecke 12 m Höhenunterschied, also 12/100 oder 12 %. Insofern bedeutet eine Steigung von 100 % einen Höhenunterschied von 100 m bei einer Horizontalstrecke von 100 m. Das entspricht der Steigung der Diagonale in einem Quadrat und entspricht einen Steigungswinkel von 45°.

Mithilfe von einem Taschenrechner und der Tangens-Funktion kann einfach aus einer Steigung der zugehörige Steigungswinkel berechnet werden. Nur als Nebenbemerkung: Der „Tangens" ist eine trigonometrische Funktion, die das Verhältnis von Horizontale und Höhe in einem rechtwinkligen Dreieck beschreibt.

Daher gilt:

$$\text{Steigung in \%} = \frac{\text{Höhenunterschied}}{\text{Horizontalstrecke}} = \tan(\text{Steigungswinkel})$$

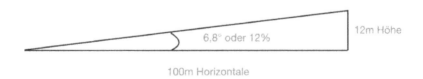

Beispiel: Steigung ist 12 %=0,12.

Abbildung 1-1: Steigungswinkel Dreieck

Dann ist $0,12 = \tan(\text{Steigungswinkel})$

Um das auszurechnen, tippen sie am Taschenrechner folgendes ein:

0,12	2nd	tan	

Und erhalten: 6,84277341263094

Daher hat man einen Steigungswinkel von ca. 6,8°.

Bei einem Steigungswinkel von 60° einer schwarzen Skipiste ergibt sich eine Steigung von 1,73 oder 173 %. Je näher man der Senkrechte, also 90°, kommt, desto größer wird die Steigung in Prozent. Ein Steigungswinkel von 90° bei einer Senkrechten hat eine „unendlich" große Steigung.

Man sollte sich immer vor Augen halten, dass Zahlenangaben in Prozent Größenverhältnisse veranschaulichen und vergleichbar machen sollen, indem die Größen zu einem einheitlichen Grundwert ins Verhältnis gesetzt werden. Allerdings sollte man genau hinsehen, welche Größen ins Verhältnis gesetzt werden.

Hätte der Gauner mal lieber Herrn Benford gekannt

Können Zahlen lügen? Was meinen Sie? Wäre einmal interessant dazu eine repräsentative Umfrage zu machen. Also ich denke, Zahlen können so allerhand, aber lügen können sie nicht. Zahlen können vollkommen sein, wie es die Zahlen 6 und 28 sind, sie können auch untereinander befreundet sein, so wie 220 mit 284 befreundet ist, aber lügen können sie nicht. Aber genug philosophiert. Wenn sie verstehen wollen, wann Zahlen vollkommen oder befreundet sind, dann können sie dies leicht im Internet nachlesen. Sie können dann nachher punkten, wenn sie jemand einmal ein Kompliment machen wollen, indem sie sagen „Du bist so vollkommen wie die Zahl 28".

Zurück zu Gaunern und Herrn Benford. Viele Gauner oder Lügner haben schon Zahlen benutzt für ihre Gaunereien oder Betrügereien. Allerdings gibt es bei Gaunern und Betrügern auch den einen oder anderen, der Mathe in der Schule nicht mochte. Und das kann dann schon böse enden, speziell, wenn man im Rahmen seiner Tätigkeit Zahlen erfinden oder fälschen muss.

Manche Zahlenansammlungen folgen interessanten Gesetzmäßigkeiten und Mustern. Wenn man diese nicht kennt, dann kann da durchaus ein Strick daraus werden. Also Vorsicht beim Fälschen von Bilanzen oder anderen Statistiken.

Eine dieser seltsamen Gesetzmäßigkeiten oder Muster ist das Benfordsche Gesetz. Eigentlich müsste es Newcombsches Gesetz heißen, da es eigentlich der Mathematiker Simon Newcomb im Jahre 1881 entdeckt hatte. Aber irgendwie wollte ihm keiner zuhören, bis im Jahre 1938 der Physiker Benford diesen Sachverhalt praktisch noch mal entdeckte. Doppelt hält scheinbar besser. Also was hatte Herr Newcomb und Herr Benford entdeckt? Da es 1881 noch keine Taschenrechner gab, wurden viele mathematische Zahlenwerte in Tabellen in Büchern veröffentlicht. Ansonsten hätte man ja viele komplexe Berechnungen immer wieder wiederholen müssen. Daher hatte Herr Newcomb auch Bücher mit mathematischen Tabellen. Und da fiel ihm auf, dass die Seiten in diesen Büchern deutlich mehr abgegriffen waren, wenn in den Tabellen Zahlen standen, die mit einer Eins begannen. Sowohl Newcomb wie auch Benford untersuchten viele weitere Zahlenansammlungen, und fanden heraus, dass es viele Datensätze gibt, bei denen es ähnliche Häufigkeiten bei den ersten Ziffern der Zahlen dieser Datensätze gibt. Seltsam, oder?

Also im Klartext heißt dies, dass es in vielen Datensätzen mehr Zahlen gibt, die mit einer „1" beginnen. Auch Zahlen, die mit einer „2" beginnen, sind öfters vorhanden wie Zahlen, die mit „3", „4" etc. beginnen. Bei weiteren Analysen und Überlegungen konte sogar eine Formel für die Verteilung der Anfangsziffern ermittelt werden. Die Formel und die Herleitung übersteigen aber die mathematischen Grundlagen, die wir in diesem Buch behandeln. Daher müssen sie mir das einfach glauben oder im Internet Details dazu nachlesen.

Die folgende Tabelle zeigt die Verteilung und Häufigkeiten der Anfangsziffern von Zahlen nach dem Benfordschen Gesetz.

Erste Ziffer	Häufigkeit
1	30,1 %
2	17,6 %
3	12,5 %
4	9,7 %
5	7,9 %
6	6,7 %
7	5,8 %
8	5,1 %
9	4,6 %

Aus dieser Tabelle kann man entnehmen, dass in vielen großen Datensätzen, Zahlen, die mit einer „1" beginnen etwa 30 % der Dateneinträge ausmachen, während Zahlen, die mit einer „8" beginnen nur etwa 5 %

der Datensätze ausmachen. Das heißt, Zahlen, die mit „1" beginnen, kommen sechsmal so oft vor, wie Zahlen, die mit einer „8" beginnen.

Für welche Daten trifft dies nun zu und für welche nicht? Das ist nicht ganz so einfach zu beschreiben, da diese Daten einer gewissen Verteilung unterliegen müssen und die Abweichungen der Daten untereinander auch gewisse Werte nicht unterschreiten oder überschreiten dürfen. Aber bei vielen Datenerhebungen, mit denen wir es zu tun haben, treffen diese Voraussetzungen einigermaßen zu. So kann man dieses Gesetz anwenden bei Firmenbilanzen, Größen von Städten, Ernteerträgen, Wahlergebnissen, Erträge von Auktionen etc. Natürlich gibt es auch viele Daten, die nichts mit Benford zu tun haben. Die Lotto-Zahlen gehorchen dem auf jedenfalls nicht. Auch wenn die mathematische Herleitung kompliziert ist, kann man als Faustformel sagen, dass Daten, die mit Wachstum zu tun haben (z. B. Geschäftserträge wachsen) meist dem Benfordschen Gesetz gehorchen.

Lassen sie uns dies anhand einer fiktiven Geschichte etwas näher durchleuchten.

Rudi Hinterhalt verdiente sich eine goldene Nase mit dem illegalen Verkauf von Computerspiel-Raubkopien. Speziell das letzte Computerspiel „Bauern-Strike" füllte seine Taschen. Nun sucht er nach einer Möglichkeit dieses Geld zu „waschen" und es legal auf seine Konten zu transferieren. Daher beschließt er die marode Frühstückspension „Zum Baadsch" in Stuttgart für ein Jahr zu pachten. Die Pension hat 10 Zimmer, allerdings sind meistens nur 2 oder 3 davon belegt. Da die Pensionsgäste in der Regel bar bezahlen, möchte er mit fiktiven „Luftbuchungen" seine Zimmer immer voll ausbuchen. Das Bargeld aus dem Verkauf der Computerspiele verwendet er nun als die Erträge aus diesen fiktiven Zimmervermietungen. Somit tauchen dann diese Beträge offiziell in seinen Büchern auf, werden als Einkommen aus Zimmervermietung versteuert, und sind dann regulär auf seinen Bankkonten einbezahlt. Genial gewaschen, denkt Rudi.

Bei Rudis Steuererklärung wird der junge Finanzbeamte Harry Fuchs jedoch stutzig. Die Pension konnte in der Vergangenheit immer nur 2 bis

3 ausgebuchte Zimmer ausweisen, doch nun ist sie immer voll belegt. Das empfand er seltsam und er vermutete, dass hier ein Betrug vorliegen könnte. Herr Fuchs forderte daher Herrn Hinterhalt auf, ihm die Liste seiner Pensionsgäste inklusive Wohnadressen zukommen zu lassen. Rudi Hinterhalt wurde es ganz schummerig, als er diese Anfrage las. Doch zum Glück hatte Rudi gestern einen Artikel über die europäische Datenschutz-Grundverordnung in der Zeitung gelesen. Daher informierte er Herrn Fuchs, dass er dieser Nachfrage aus Gründen der Privatsphäre nicht nachkommen könne. Rudi wiegte sich in Siegesstimmung, da Harry Fuchs dies zähneknirschend akzeptieren musste. Herr Fuchs hatte aber vor ein paar Tagen in einem Finanzfachmagazin einen Artikel zu dem Benfordschen Gesetz gelesen, und da kam ihm eine Idee. Er bat Herrn Hinterhalt ihm doch zumindest die Hausnummern seiner Pensionsgäste zu übermitteln. Hinterhalt überlegte. Die Namen und Adressen seiner Pensionsgäste hatte er ja frei erfunden, und man könnte ihn durch eine Stichprobe einfach auf die Schliche kommen. Aber die erfundenen Hausnummern, da sah er kein Problem. Es war ihm zwar schleierhaft, was Fuchs mit den Hausnummern wollte, aber wenn dies dann die Situation entspannen sollte, so sah er damit kein Problem. Also überlieferte er Fuchs Tausende von erfundenen Hausnummern und dachte damit sei die Sache vom Tisch. Was sollte Fuchs denn mit Hausnummern anfangen sollen?

Fuchs wusste aufgrund des gelesenen Artikels, dass sich die Verteilung von Hausnummern mit dem Benfordsche Gesetz darstellen lässt. Warum ist das so? Denken sie mal an eine Stadt. Nehmen wir Stuttgart als Beispiel. In Stuttgart gibt es viele Straßen und daher viele Hausnummern. Aber es gibt nur ganz wenige ganze lange Straßen. So gibt es nur ein paar Straßen, die über 300 Häuser haben. Es gibt recht viele Straßen, die über 200 Häuser haben, aber die meisten Straßen haben zwischen 100 und 200 Häusern. Da es die meisten Häuser in Straßen gibt mit 100 und 200 Häusern, kommen natürlich Hausnummern, die mit einer 1 beginnen am häufigsten vor. Am zweithäufigsten kommen dann Hausnummern vor, die mit einer 2 beginnen, da es doch eine beachtliche Zahl an Straßen gibt, die mehr als 200 Häuser haben. Straßen sind „gewachsen" und Dinge mit Wachstum stehen in der Regel in einer Beziehung mit Herrn Benford. Natürlich hatte Rudi Hinterhalt davon keine Ahnung und bei der Erfindung der Adressen und Hausnummern nicht eine Benford Verteilung benutzt.

Da die abgelieferten Hausnummern absolut abwichen von den erwarteten Benfordschen Hausnummern, konnte Herr Fuchs seine Vorgesetzten überzeugen bei Rudi Hinterhalt eine detaillierte Buchprüfung durchzuführen. Und so kam man Hinterhalt auf die Schliche. Mit Wissen über Benford wäre dieser Kelch an ihm wahrscheinlich vorübergegangen.

Intelligente Steuerfahnder benutzen das Benfordsche Gesetz zur Entdeckung von Schwarzgeld, Geldwäsche und Ermittlung von Steuerdelikten. Auch Bilanzen werden häufig mit dem Gesetz überprüft und Wahlfälschungen konnten damit auch schon aufgedeckt werden.

Wirtschaftswissenschaftler der TU Ilmenau haben gezeigt, dass Daten, die von Griechenland für den EU-Beitritt 2001 eingereicht wurden, viele Ungereimtheiten hatten. Dies wurde durch Anwendung des Benfordschen Gesetzes erkannt [1]. Obwohl die Griechen bereits vor 2500 Jahren imposante Mathematiker aufweisen konnten, so haben sie scheinbar heute wieder etwas Nachholbedarf.

Also, falls sie mal in die Situation kommen, dass sie ein paar Zahlen erfinden müssen, obwohl ich ihnen da nichts unterstellen möchte, so denken sie an den Herrn Bendorf und verwenden sie mehr Zahlen, die mit einer „1" beginnen. Allerdings wenn alles zu genau passt, dann ist es leider auch wieder verdächtig. Also nichts übertreiben.

Die Qual der Wahl

Jeder kennt die Situation sich auf eine Sache, Person oder Gegenstand festzulegen zu müssen. Dies ist nicht immer einfach, speziell, wenn man die Auswahlobjekte nicht alle gleichzeitig vor sich hat, sondern diese nur nacheinander betrachten kann.

Stellen sie sich folgende Szenarien vor:

1) Sie suchen eine Wohnung und müssen diese in den nächsten 4 Wochen finden. Aufgrund von Erfahrungswerten rechnen sie mit 5 Wohnungsbesichtigungen pro Woche. Das heißt, sie können in den nächsten 4 Wochen 20 Wohnungen besichtigen. Allerdings müssen sie sich nach einer Besichtigung sofort entscheiden und können nicht warten bis sie alle 20 Wohnungen angesehen haben.

2) Sie wollen ihr Auto verkaufen. Allerdings haben sie keine Vorstellung was ihr Wagen noch wert ist. Daher schreiben sie in die Verkaufs-Annonce, dass der Preis Verhandlungssache sei und wollen die entsprechenden Gebote abwarten. Sie wollen ihr Auto am Samstag verkaufen, da sie am Sonntag eine längere Reise antreten. Für den Samstag haben sich 15 Interessenten nacheinander angekündigt, die allerdings erwarten, dass sie nach ihrer Angebotsunterbreitung sofort zu- oder absagen.

3) Sie suchen nach einem Partner, der mit ihnen für 6 Wochen durch Südamerika reist. Es haben sich 30 Leute gemeldet, die alle in dieser Woche bei Ihnen vorbeikommen. Auch hier müssen sie nach dem Gespräch sofort JA oder Nein sagen.

Keine einfachen Aufgaben. Man könnte ja bei der zweiten Wohnung zuschlagen. Aber was, wenn die siebte Wohnung noch viel besser gewesen wäre. Was wäre, wenn sie die ersten 14 Interessenten für ihr Auto ablehnen und sie dann nehmen müssten, was ihnen der letzte Anbieter anbieten würde. Also alles Glücksache, oder wie sollte man vorgehen?

Dieses Problem wird in der Mathematik „Sekretärinnen Problem" genannt und sie können die mathematischen Hintergründe leicht im Internet finden. Allerdings ist die Herleitung etwas komplizierter und erfordert mehr mathematische Kenntnisse, wie diejenigen die ich in diesem Buch voraussetzen möchte.

Daher möchte ich, ohne mathematische Herleitung, gleich zum Ergebnis der besten Strategie kommen. Die beste Strategie ist die sogenannte 37 % Regel.

Wie gehen sie bei dieser Regel vor? Im Prinzip ist es ganz einfach, sie sehen sich die ersten 37 % der Kandidaten an, ohne eine Zusage zu machen. Dann nehmen sie den ersten Kandidaten, der ihnen besser gefällt wie die ersten 37 % der Kandidaten. Das war es schon. Das ist die beste Strategie, die übrigens mit einer Wahrscheinlichkeit von 37 % den besten Kandidaten findet. Klingt nicht sehr hoch, aber alle anderen bisher getesteten Strategien hatten eine geringere Trefferwahrscheinlichkeit.

Was bedeutet das nun für unsere 3 Beispiele:

1) 37 % von 20 Wohnungen sind ca. 7 Wohnungen. Das heißt, sie besichtigen die ersten 7 Wohnungen, machen keine Zusage, und nehmen dann die Wohnung, die sie nach den 7 noch besichtigen, die schöner ist als die 7 ersten. Angenommen die Wohnungen 8 und 9 sind nicht schöner, Wohnung 10 ist aber schöner. Dann nehmen sie Wohnung 10 und müssen die restlichen nicht mehr besichtigen.

2) 37 % von 15 Autointeressenten sind ca. 6. Das heißt, sie hören sich die Angebote der ersten 6 an und verkaufen dann an den nächsten der ein höheres Angebot abliefert.

3) 37 % von 30 Reisekandidaten sind ca. 11. Das heißt, sie schauen sich die ersten 11 Kandidaten an und nehmen dann den darauffolgenden Kandidaten, der ihnen besser gefällt wie die ersten 11.

Also soweit zur Strategie. Natürlich sollten sie dabei ihren gesunden Menschenverstand nicht komplett ausschalten. Sie werden natürlich zuschlagen, wenn der zweite Autointeressent ihnen das Doppelte ihres eigenen Kaufpreises bietet. Details zu dem mathematischen Hintergrund kann man einfach bei Wikipedia unter „Sekretärinnen Problem" nachlesen [20]. Viel Spaß.

2. Giga-Bits, Mega-Pixel und Giga-Bytes

Marion, eine 17-jährige Schülerin, hat die ganzen Sommerferien gejobbt, um sich von ihrem Lohn ein neues Handy zu kaufen. Endlich, der ersehnte letzte Arbeitstag und Marions Traum geht in Erfüllung. Abends, beim gemeinsamen Abendessen mit ihrer Familie, sagt Marion voller Stolz „mein neues Handy hat 128 Giga-Bytes, eine12 Mega-Pixel Kamera, und ein monatliches Datenvolumen von 8 Giga-Bit". Ihre kleinere Schwester Lisa fragt darauf, was dies denn nun bedeutet. Marion hat die perfekte Antwort „das heißt, dass mein Handy besser ist als Kevins Handy, der nur 64 Giga-Bytes hat und auch nur ein Datenvolumen von 4 Giga-Bits. Allerdings hat er auch eine 12 Mega-Pixel Kamera". Lisa versteht es immer noch nicht und guckt mit großen Augen ihren Vater an. Der aber überlegt kurz und fragt dann „Wer will Nachtisch?" und schon ist das Thema vom Tisch.

Sie haben sicher ein Handy. Die meisten Handys, die man heute kaufen kann, sind keine reinen Telefone mehr, sondern kleine Computer, mit denen man auch noch telefonieren kann. Daher nennt man sie ja auch Smartphones, also „intelligente" Telefone. Wahrscheinlich wissen sie auch, wie viel Giga-Byte Speicherplatz, wie viele Mega-Pixel ihre Kamera hat, und welches monatliches Datenvolumen, sprich Giga-Bits, sie haben. Aber wissen sie auch, was sie da nun wirklich haben und ob sie dies nun brauchen oder nicht?

Es geht also um Giga und Mega, und um Bits, Bytes und Pixel. Ganz schön viel auf einmal.

Wir fangen am besten mit „Giga" und „Mega" an und kümmern uns dann um den Rest. Sie wissen, was ein Kilometer ist. Ein Kilometer sind 1.000 Meter, genauso wie ein Kilogramm entsprechend 1.000 Gramm darstellt. Das Wort „Kilo" kommt von dem altgriechischen Wort chílioi, was so viel wie Tausend bedeutet. Daher hilft „Kilo" uns kürzere Zahlen zu schreiben.

Auch „Mega" und „Giga" helfen uns kürzere Zahlen zu schreiben. Ein „Mega" ist letztlich das gleiche wie 1.000 Kilos. Mit dem Flugzeug von Europa nach USA sind es 5.000 km. Genauso gut könnten sie sagen, dass es 5 Megameter sind. 5 Megameter sind 5.000 Kilometer oder 5.000.000 Meter, also 5 Millionen Meter. Alles klar? Das Wort „Mega" kommt natürlich auch aus dem Griechischen und bedeutet schlicht „groß".

Und das Ganze geht natürlich weiter. Ein „Giga" sind 1.000 „Megas" oder 1.000.000 „Kilos". Auch hier waren wieder die Griechen im Spiel, den „Gigas" ist das altgriechische Wort für „Riese". Daher wäre ein Gigameter einfach nur Tausend Megameter, oder eine Million Kilometer oder eine Milliarde Meter. Also bei „Giga" geht es bereits um Milliarden.

Das Ganze hört natürlich nicht mit „Mega" und „Giga" auf. Ein „Tera" sind einfach 1.000 „Gigas". Bei „Tera" reden wird also von Billionen. Ein „Peta" sind dann analog 1.000 „Teras". Bei „Peta" haben wir es also mit Billiarden zu tun. Wow! Es gibt übrigens noch „Exa", „Zetta" und „Yotta". Ein „Yotta" hat eine Eins mit 24 Nullen, also eine Quadrillion. So viel Speicher brauchen sie aber wirklich nicht!

Das Ganze noch mal in einer Tabelle. Nehmen wir zur bessern Illustration einfach mal Meter.

Name	Wert
1	1 Meter
Kilo	1.000 Meter
Mega	1.000 Kilo Meter oder 1.000.000 Meter (1 Million)
Giga	1.000 Mega Meter oder 1.000.000.000 Meter (1 Milliarde)
Tera	1.000 Giga Meter oder 1.000.000.000.000 Meter (1 Billion)
Peta	1.000 Tera Meter oder 1.000.000.000.000.000 Meter (1 Billiarde)

Übrigens, um kurz mal abzuschweifen. Wissen sie, woher „Google" seinen Namen hat? Sie werden sich fragen, was Google mit Peta, Zetta und

Co. zu tun hat. Der Begriff Googol ist die Bezeichnung für eine Zahl mit einer 1 und 100 Nullen, also 10^{100}. Also eine irrsinnig große Zahl. Nur um zu verdeutlichen, wie groß ein Googol wirklich ist. Es wird geschätzt, dass es etwa 10^{80} Atome in unserem kompletten Universum gibt [2].

Ein Googol ist daher das:

10.000.000.000.000.000.000-fache von der Anzahle aller Atome im Universum.

Beeindruckend, oder? Die Google Gründer fanden dies sein ein passender Name für ihre Vision, Google zu einem der größten Unternehmen unseres Planeten zu machen. Laut verschiedener Berichte [3] hatten sie bei der Registrierung ihrer Internet-Domain das Wort „Google" anstelle „Googol" eingetippt. Quasi ein kleiner Typo, sonst würde „Google" jetzt „Googol" heißen. Übrigens „Googol" kommt nicht aus dem griechischen, wie Kilo, Giga etc. Der Mathematiker Edward Kasner hatte 1938 seinen neunjährigen Neffen aufgefordert, er solle sich einen Namen für eine Zahl mit 100 Nullen ausdenken. Sein Neffe dachte sich dann „Googol" aus. Genug der Abschweifung.

Nun zurück zu Marion. Ihr Handy hat 128 Giga-Bytes, eine 12 Mega-Pixel Kamera, und ein monatliches Datenvolumen von 8 Giga-Bit. Das heißt dann, sie kann 128 Milliarden Bytes speichern, ihre Kamera hat 12 Millionen Pixel, und sie kann pro Monat 8 Milliarden Bits übertragen. Doch warum in aller Welt sollte jemand 128 Milliarden Bytes abspeichern wollen?

Meinen ersten Computer habe ich mir gekauft, als ich Mathe studierte. Es war ein Sinclair ZX Spectrum. Mit diesem Ding habe ich die tollsten Dinge gemacht. Allerdings konnte er nur 16 Kilo-Bytes abspeichern, also 16.000 Bytes. Ich war damals überwältigt, aber Marions Handy kann 128 Milliarden Bytes abspeichern. Das ist schon wirklich unfair, oder?

Warum braucht Marion so viel davon? Der Grund liegt darin, dass Marion ständig Fotos macht und auch für unterwegs einige Videos auf ihr Handy geladen hat. Das habe ich mit meinen Sinclair ZX Spectrum und seinen 16 Kilobytes nicht getan und nicht gekonnt. Ich wäre damals nie auf die Idee gekommen, dass ein Computer etwas mit Videos zu tun haben könnte.

Wir müssen uns daher nun doch etwas mit Bits, Bytes und Pixeln herumzuschlagen. Und wir müssen leider ganz am Anfang anfangen, um dies zu erkunden.

Ein Computer, und Marions Handy ist eigentlich ein Computer, mit dem man zufällig auch telefonieren kann, kann nur „0" und „1" verarbeiten. Er kennt an sich weder Texte noch Musik noch Bilder oder Videos. Aber dazu später. Eine Einheit, die entweder „0" oder „1" sein kann, nennt man in der Informatik ein Bit. Damit hätten wir das Bit schon mal erklärt. Marions Handy Vertrag hat ein Datenvolumen von 8 Giga-Bits. Daher kann sie pro Monat 8 Milliarden mal „0" oder „1" aus dem Netz übertragen. Hilft ihnen das nun? Ich nehme an, dass es nicht hilft. Also müssen wir noch etwas tiefer einsteigen.

Aus diesen „0" und „1" kann man lange Ketten bilden, wie zum Beispiel „101001" und diese Kette kann man dann in eine „normale" Zahl umrechnen mithilfe des Dual- oder Binärsystems. „101001" kann sich vorstellen als (wir fangen ganz <u>rechts</u> mit der 1 an)

$1 \cdot 2^0 = 1 \cdot 1 = 1$

$0 \cdot 2^1 = 0 \cdot 2 = 0$

$0 \cdot 2^2 = 0 \cdot 2 \cdot 2 = 0 \cdot 4 = 0$

$1 \cdot 2^3 = 1 \cdot 2 \cdot 2 \cdot 2 = 1 \cdot 8 = 8$

$0 \cdot 2^4 = 0 \cdot 2 \cdot 2 \cdot 2 \cdot 2 = 0 \cdot 16 = 0$

$1 \cdot 2^5 = 1 \cdot 2 \cdot 2 \cdot 2 \cdot 2 \cdot 2 = 1 \cdot 32 = 32$

Das ergibt dann:

$\mathbf{1} \cdot 1 + \mathbf{0} \cdot 2 + \mathbf{0} \cdot 4 + \mathbf{1} \cdot 8 + \mathbf{0} \cdot 16 + \mathbf{1} \cdot 32.$

Die fett-gedruckten „0" und „1" entsprechen dann den „0" und „1" von **101001**, allerdings von rechts nach links gelesen. Sehen sie es?

Also

$1 + 0 + 0 + 8 + 0 + 32 = 41$.

Das heißt, „0101001" im Dualsystem (oder Binärsystem) entspricht der Zahl 41 im Zehnersystem. Man kann jede Zahl im Zehnersystem in eine Zahl im Dualsystem umwandeln. Und umgekehrt geht dies natürlich auch. Die Zahl 99 (im Zehnersystem) entspricht 1100011 im Dualsystem. Und die Zahl 100 (im Zehnersystem) entspricht dann 1100100 im Dualsystem. Ebenso ist **111** im Dualsystem also

$\mathbf{1} \cdot 1 + \mathbf{1} \cdot 2 + \mathbf{1} \cdot 4$ gleich 7

im Zehnersystem. Sie müssen diese Umrechnung nicht selbst machen können, sie sollten nur verstehen das man unsere Zahlen (im Zehnersystem) in eine Folge von „0" und „1" umformen kann.

Wenn sie nun mit ihrem Computer 41 und 7 addieren wollen, dann rechnet ihr Computer eigentlich 101001 + 111, weil er einfach nur mit „0" und „1" was anfangen kann. Ganz schön doof so ein Computer, oder? Aber dafür kann er solche „0" und „1" Operationen wahnsinnig schnell. Die schnellsten Computer heute können Peta-Flops (FLOP ist Floating Point Operationen), was so viel heißt wie Billiarden Rechenoperationen pro Sekunde. Das kann Marions Handy allerdings noch nicht.

Nun kommen wir zu dem Byte. Ein Computer organisiert Bits (also die „0" und „1") immer in Blöcken zu 8 Bits und dies wird dann ein Byte genannt. Ein Byte ist daher lediglich 8 Bits, also eine Anordnung von 8 „0" oder „1". Recht einfach, oder? Marions Handy kann 128 Giga-Bytes abspeichern, also 128 Milliarden Bytes oder $128 \cdot 8$ Milliarden Bits. Dies ergibt dann 1024 Milliarden mal „0" oder „1". Gigantisch.

Fassen wir dies noch mal zusammen, bevor die Reise weitergeht. Bytes werden verwendet, wenn es darum geht Dinge abzuspeichern, und Bits werden verwendet, wenn Dinge übertragen werden (z. B. von Marions Handy zu Kevins Handy). Aber letztlich sind 8 Bits einfach nur ein Byte.

Aber nach wie vor ist es seltsam, wozu Marion 1024 Milliarden mal eine „0" oder „1" abspeichern möchte. Wie erwähnt, ein Computer kennt nur „0" und „1", und weiß nicht was Buchstaben, Songs, Bilder oder Videos sind. Diese „0" und „1" kann ein Computer nur von einer Stelle zu einer anderen bewegen und auch mit ihnen rechnen. Aber Marion will nicht rechnen, sie will Kevin über WhatsApp eine Nachricht, ein Bild oder ein Video schicken.

Fangen wir mal mit Nachrichten an. Da ein Computer eigentlich keine Buchstaben kennt, müssen wir uns da etwas einfallen lassen. Wir ordnen einfach jedem Buchstaben des Alphabets eine Zahl zu. So wird dem Buchstaben A einfach die Zahl 65 zugeordnet. Wenn Marion auf ihrem Handy ein „A" eintippt, so wird zwar am Display ein „A" angezeigt, aber das Handy speichert die Zahl 65 ab. Eigentlich nicht 65, sondern 1000001. Wie oben beschrieben ist 65 gleich:

$1 \cdot 1 + 0 \cdot 2 + 0 \cdot 4 + 0 \cdot 8 + 0 \cdot 16 + 0 \cdot 32 + 1 \cdot 64$, also 64 + 1.

Wenn Marion dann dieses „A" über WhatsApp an Kevin schickt, dann überträgt sie 1000001 über das Netz. Kevins Handy empfängt die „0" und „1" Kette, rechnet dies um in 65, und weiß dann das es ein „A" am Display darstellen muss. Eigentlich recht einfach. „B" ist übrigens 66, „C" ist 67, und so weiter. Das heißt, wenn Marion „HALLO" an Kevin schickt, dann schickt sie eigentlich 72 65 76 76 79. Natürlich schickt sie genau genommen die „0" und „1" Kette, also:

01001000 01000001 01001100 01001100 01001111.

Dabei wird jedem Buchstaben ein Byte also 8 Bits zugeordnet. Da HALLO 5 Buchstaben hat, schickt sie daher 5 Byte oder 40 Bit übers Netz. Suchen Sie einfach mal nach "ASCII Tabelle" im Internet. Dort finden sie die Buchstaben-Zahlen Zuordnungen. Und mit „HALLO" hat Marion schon 40 Bits ihres 8 Giga-Bit Datenvolumen verbraucht. Aber sie könnte immer noch 199.999.999-mal im Monat „HALLO" schreiben bis ihr Datenvolumen aufgebraucht wäre. Sie tippt zwar ständig, aber das schafft selbst Marion nicht.

Also muss es doch etwas geben, was wesentlich mehr Bits und Bytes verbraucht. Damit kommen wir auch zu unseren Bildern und den Pixeln. Nachdem ein Computer ja nicht mal wirklich Buchstaben kennt, kennt er ja natürlich auch keine Bilder. Bei Buchstaben hat man einfach jeden Buchstaben durch eine Zahl repräsentiert, bei Bildern klappt das ja nicht. Ansonsten müssten sie sich etwas sehr Kompliziertes einfallen lassen, wie zum Beispiel 1954 bedeutet weißer Hund, 1955 bedeutet weißer Hund mit wackelndem Schwanze usw. Das ergibt natürlich keinen Sinn.

Ein Computerbild wird als Raster von Bildpunkten dargestellt, wobei dann jedem Bildpunkt eine Farbe zugeordnet wird. Weil die Rasterpunkte oder Bildpunkte so klein sind, sieht unser Auge die einzelnen Punkte jedoch nicht. Die Summe dieser Bildpunkte ergibt dann das Bild, das unser Auge wahrnimmt.

Ein Display hat dann Reihen und Spalten mit Bildpunkten. Beim Fernsehen ist dies genauso. Die „alten" Fernsehgeräte hatten eine Auflösung von 640 x 480 Bildpunkten, heutige HD Geräte haben 1920 x 1080, und die kommenden Ultra-HD Geräte können bereits Bilder mit einer Auflösung von 3840 x 2160 Bildpunkten. Bei Ultra HD besteht daher ein einzelnes Fernsehbild aus 8.294.400 Bildpunkten, also mehr als 8 Millionen Bildpunkten.

Stellen sie sich das so vor:

Bild-reihe	Spalte 1	Spalte 2	Spalte 3	Spalte 4	Spalte 5
1	Rot	Rot	Gelb	Gelb	Gelb
2	Rot	Schwarz	Gelb	Gelb	Rot
3	Rot	Schwarz	Grün	Gelb	Rot
4	Schwarz	Schwarz	Schwarz	Schwarz	Schwarz

Aber unser Computer kennt doch nur die Zahlen „0" und „1". Wie soll er dann Farben kennen? Tut er nicht. Jede Farbe wird, wie auch bei Buchstaben, durch eine Zahl repräsentiert und der Bildschirm weiß dann welche Zahl zu welcher Farbe passt. Schwarz ist zum Beispiel 0 und Weiß wird oft durch 16.777.215 dargestellt. Die meisten Computer oder Bildschirme können nämlich 16.777.216 verschiedenen Farben darstellen. Ich bin davon sehr beeindruckt, weil ich nur 8 Farben auseinanderhalten kann. Zum Glück muss man nicht jeder dieser 16.777.216 Farben einen Namen geben, da ich schon Schwierigkeiten mit der Farbe „Apricot" habe.

Wenn man eine Zahl, wie 16.777.215 mit „0" und „1" darstellen will, dann brauchen wir 24 Stellen, also 24 Bits oder 3 Bytes. Die Zahl 16777215 ist nämlich in „0" und „1" geschrieben:

11111111.11111111.11111111, oder 24-mal „1".

Das heißt, jeder Bildpunkt braucht 3 Bytes für die Farbinformation des Bildpunktes. Ach übrigens, einen Bildpunkt nennt man auch Pixel. Damit wäre Pixel ja auch erklärt.

Ein Bild schaut deshalb im Speicher eines Computers so aus:

0101111000000000110010010101110000000001100100101011110 0110010001010001111010101001011010001111101010101010101011 1100101001001001010101001101010101010001010001010110010010 0101001111111010100100101001001000100101010100100101010001 1101011101010

und so weiter.

Erkennen sie es? Nein, es ist nicht die Spitze des Eiffelturms.

Wenn Marions Kamera 12 Mega-Pixel hat, dann bedeutet dies, wie wir mittlerweile gelernt haben, dass sie 12 Millionen Bildpunkte hat. Für jeden Bildpunkt braucht es eine Farbe, also 3 Bytes für die Farbinformation pro Bildpunkt. Daraus ergibt sich, dass für ein 12 Mega-Pixel Bild insgesamt $3 \cdot 12 = 36$ Millionen Bytes oder 36 Mega Bytes gebraucht werden. Wenn Marion dieses Bild dann über WhatsApp an Kevin schicken möchte, dann braucht es $36 \cdot 8 = 288$ Millionen Bits, die da über das Netz gehen. Jetzt sind wir im Geschäft und haben endlich etwas das richtig Speicher oder Datenvolumen braucht.

Mathematiker und Informatiker haben sich natürlich etwas einfallen lassen, um diese Größen etwas zu reduzieren und Wege gefunden Bilder zu komprimieren. Das ist ziemlich kompliziert und vielleicht mal

Stoff für ein zweites Buch. Stellen Sie sich das einfach so vor, wenn ein Bild 3400-mal einen weißen Bildpunkt hat, dann brauchen sie ja nicht 3.400-mal die Zahl 16.777.215 abzuspeichern, sondern sie können ja einfach sagen „aufgepasst jetzt kommt 3.400 mal 16.777.215". Das ist wesentlich kürzer als 3.400-mal die Zahl 16.777.215 zu schreiben. Es gibt viele weitere schöne Verfahren, die man da anwenden kann. Wie gesagt, das kommt dann im nächsten Buch dran. Aber selbst mit all diesen Reduzierungen haben sie bei 12 Mega-Pixel Bildern locker 3 bis 4 Mega Bytes, die sie dafür brauchen. Sehen Sie einmal nach auf ihrem Handy oder Computer.

Jetzt setzen wir noch einen oben darauf, denn Kevin sendet Marion ein Video, in dem zu sehen ist wie er gerade einen Kuchen backt. Ein Video wird am Computer durch eine schnelle Hintereinanderreihung von Bildern implementiert. Dabei werden sehr schnell viele Bilder gezeigt, sodass das Auge dadurch eine Bewegung wahrnimmt. Das ist so ähnlich wie die Daumenkino-Bücher, wo sie sehr schnell durch die Seiten flippen und dadurch den Eindruck einer Bewegung erzeugen. In den Ursprüngen von Fernsehen wurden 24 Bilder pro Sekunde gezeigt. Heute sind es oft 100 Bilder pro Sekunde. Daher sehen sie eine flüssige Bewegung, obwohl es in Wirklichkeit nur starre Bilder sind.

Das heißt aber in der Konsequenz, dass sie für 1 Sekunde eines Videos 100 Bilder brauchen. Nachdem wir wissen, dass bereits ein einziges Bild sehr viel Speicher braucht, können sie sich selbst ausrechnen, wie viel Speicher für einen 90 Minuten Videofilm gebraucht werden. Natürlich wird auch hier optimiert und komprimiert, aber ein paar Giga-Bytes (ja wir sind bei Giga angekommen) werden da schon benötigt. Jetzt braucht das Video auch noch Ton. Ich erspar uns jetzt, wie man Ton mit „0" und „1" abspeichern kann, aber da kommt auf jeden Fall noch mal zusätzlicher Speicherbedarf hinzu. Und schon verstehen sie, warum Marion 128 Giga-Byte Speicherbedarf hat und ein Datenvolumen von 8 Giga-Bit braucht. Die ganzen Videos müssen auch noch über das Netz, sonst kann Marion gar nicht sehen, wie Kevin seinen Kuchen packt.

So geschafft. Das war ein ganzes Stück Arbeit. Nochmal eine kurze Zusammenfassung:

- Mega heißt Million

- Giga heiß Milliarde

- Ein Byte hat 8 Bits

- Ein Bit ist entweder „0" oder „1"

- Speicher wird in Bytes gemessen

- Bits verwendet man für die Messung der Übertragungen im Netz

- Ein Pixel ist ein Bildpunkt und braucht 3 Bytes für Farbinformationen.

Damit wäre alles geklärt.

Wir haben natürlich vergessen zu erwähnen, dass Marion nun ein Mega Handy hat.

3. Einige Mathe Basics

In einem späteren Kapitel werden wir uns ein Haus kaufen und unsere Lottogewinnchancen abschätzen. Dazu müssen wir leider einige Formeln benutzen und etwas herumrechnen. Die Hilfe eines Taschenrechners ist dabei erlaubt. Was, sie haben keinen Taschenrechner? Aber sie haben doch ein Telefon. Die meisten Smartphones haben eine Taschenrechner-App. Früher war das anders. Ich kann mich noch daran erinnern, dass ich zu meinem 10. Geburtstag von meiner Oma einen Taschenrechner bekommen hatte. Das war mein absolutes Highlight. Ich habe meinen ersten Taschenrechner, inklusive Ersatzbatterien, zu vielen Familienfeiern und auf Ausflügen immer mitgenommen. Mein Taschenrechner und meine Einstellung dazu wurden oft belächelt, aber er hat mich oft bei langweiligen Veranstaltungen gerettet.

Leider gibt es manchmal Probleme, wenn man Ausdrücke mit Zahlen unbedacht in einen Taschenrechner eingibt oder schnell im Kopf ausrechnen möchte. Daher noch mal eine kleine Auffrischung bezüglich Mathe-Basics. Wenn sie das alles noch wissen, können sie das folgende Kapitel einfach überspringen.

Wir frischen folgende Dinge auf:

- Minus Minus ergibt Plus

- Klammern

- Punkt vor Strich

- Brüche

- Wurzeln

- Einfache Gleichungen mit x.

Keine Angst, sie müssen nicht ihren kompletten Schulabschluss in 30 Minuten nachholen. Aber diese Basics sollte man im Kopf haben, wenn man an dem richtigen Ergebnis interessiert ist.

Minus Minus ergibt Plus

Das wissen sie sicher noch, aber einfach der Vollständigkeit halber. Es gibt ja positive Zahlen und auch negative Zahlen. Denken Sie einfach an Guthaben und Schulden, oder an positive Temperaturen und negative Temperaturen. Wenn sie jetzt mit diesen negativen Zahlen rechnen, dann gibt es ein paar zwingende Dinge, die man vor Augen haben sollte.

Bei der Addition und Subtraktion ist Folgendes zu beachten.

Kommen ein „-" und ein „+" zusammen, so ergibt das ein „-".

Treffen „-" auf „-" so ergibt dies ein „+".

$7 + (-3) = 7 - 3 = 4$

$7 - (-3) = 7 + 3 = 10$

Stellen sie sich folgendes vor:

Sie haben auf ihrem Bankkonto ein Guthaben von 1.000 €. Es kommen zu ihrem Konto Schulden in Höhe von 300 € hinzu, das heißt wir fügen was hinzu. Wie viel haben sie noch? Schulden kann man als -300 € schreiben. Also haben sie:

1.000 € + (-300 €) = 1.000 € - 300 € = 700 €.

Sie haben auf ihrem Bankkonto Schulden in Höhe von 1.000 €. Sie reduzieren ihre Schulden um 300 €. Also haben sie:

-1.000 € - (-300 €) = -1.000 € + 300 € = -700 €.

Bei der Multiplikation ist es sehr ähnlich:

$(+3) \cdot (+4) = 12$

$(+3) \cdot (-4) = -12$

$(-3) \cdot (+4) = -12$

$(-3) \cdot (-4) = 12$

und für die Division gilt das gleiche:

$(+8) \div (+4) = 2$

$(+8) \div (-4) = -2$

$(-8) \div (+4) = -2$

$(-8) \div (-4) = 2$

Sind die Vorzeichen gleich ist das Ergebnis positiv, sind sie unterschied-lich ist das Ergebnis negativ. Machen wir ein Beispiel.

Sie haben 300 € Schulden und verdoppeln ihre Schulden.

Sie haben also -300 € · 2 = -600 €.

Auffrischung beendet. Merkregel: Bei unterschiedlichen Vorzeichen hat man eine negative Operation, bei gleichen Vorzeichen hat man eine po-sitive Operation.

Dann Klammern wir mal

In der Mathematik gibt es eine Ordnung wie man Rechenoperationen hinter einander ausführt (siehe nächstes Kapitel „Punkt vor Strich"). Wenn sie aber ganz sicher sein wollen, dass manche Dinge zuerst ausgerechnet werden, dann verwenden sie Klammern. Falls sie zu viel Klammern verwenden, dann schaut das vielleicht nicht so schön aus, macht aber nichts. Daher mehr schadet nichts.

Beispiel: $3 \cdot (4 + 5)$

Hier wollen sie zuerst die 4 und die 5 addieren, und dann erst die Multiplikation mit 3 durchführen. Das Ergebnis ist daher 27, nämlich $3 \cdot 9$. Würden sie die Klammern nicht haben, also $3 \cdot 4 + 5$, dann würde die 3 mit der 4 multipliziert werden und dann 5 addiert werden. Damit wäre dann das Ergebnis 17, nämlich $12 + 5$.

Manchmal muss man auch Multiplikationen mit Ausdrücken von Klammern durchführen. Dies ist aber recht einfach.

Bleiben wir beim obigen Beispiel:

$3 \cdot (4 + 5) = 3 \cdot 4 + 3 \cdot 5$

Sie werden sich fragen, warum ich nicht erst $4 + 5$ gerechnet habe und dann mit 3 multipliziert habe. Das ginge natürlich auch. Aber manchmal geht dies nicht und die Klammer muss aufgelöst werden. Im nächsten Beispiel wird dies deutlicher.

Zu ihrem Guthaben werden weitere 300 € kommen und der Gesamtbetrag wird dann verdoppelt. Der Ausdruck lautet daher (Guthaben + 300) $\cdot 2$. Wenn sie diesen Ausdruck weiter auflösen wollen dann erhalten sie $2 \cdot$ Guthaben + $2 \cdot 300 = 2 \cdot$ Guthaben + 600.

Es kann natürlich auch sein, dass sie zwei Ausdrücke mit Klammern multiplizieren müssen und die entsprechenden Klammern auflösen möchten. Erweitern wir unser obiges Beispiel und betrachten:

$(2 + 3) \cdot (4 + 5) =$

$2 \cdot 4 + 2 \cdot 5 + 3 \cdot 4 + 3 \cdot 5 =$

8 + 10 + 12 + 15 = 45

Die Regel lautet einfach. Sie müssen jede Zahl der ersten Klammer mit jeder Zahl der zweiten Klammer multiplizieren.

Natürlich hätten sie die Klammerausdrücke auch zuerst berechnen können

$(2 + 3) \cdot (4 + 5) = 5 \cdot 9 = 45$

Aber wie gesagt, manchmal geht das ja vielleicht nicht und sie müssen die Klammern auflösen, wie in dem nächsten Beispiel ersichtlich ist.

(Guthaben + 300) · (Jahre + 5) =

Guthaben · Jahre + Guthaben · 5 + 300 · Jahre + 300 · 5

Hier müssen sie auch immer an die „+ -" Regeln vom vorigen Kapitel denken:

$(-2 + 3) \cdot (4 - 5) =$

$(-2) \cdot 4 + (-2) \cdot (-5) + 3 \cdot 4 + 3 \cdot (-5) =$

$-8 + 10 + 12 - 15 = -1$

Damit hätten wir genug geklammert und „entklammert".

Punkt vor Strich

„Punkt vor Strich" bedeutet einfach, dass Multiplikation und Division zuerst ausgeführt werden und dann erst addiert oder subtrahiert wird.

Kleines Beispiel:

$7 + 3 \cdot 4 - 9 \div 3 = 7 + 12 - 3 = 16.$

Würden sie die Aufgabe von links nach rechts ohne „Punkt vor Strich" rechnen würde 10 und 1/3 oder 10,3333... herauskommen. Die meisten Taschenrechner können mit „Punkt vor Strich" umgehen. Falls sie aber nicht sicher sind, dann setzen sie einfach Klammern davor und ihr Taschenrechner berücksichtigt dies. Also:

$7 + (3 \cdot 4) - (9 \div 3) = 7 + 12 - 3.$

Zuviel Klammern machen nichts aus, sie brauchen da nicht sparsam zu sein.

Noch zwei Beispiele:

$10 + 3 \cdot 2 - 8 = 8.$

Ohne „Punkt vor Strich" käme 18 heraus.

Ein weiterer Taschenrechner Fehler entsteht oft bei Brüchen, wenn im Nenner oder Zähler ein Rechenausdruck steht.

Dazu zwei Beispiele:

Bei Ausdrücken wie:

$$\frac{6 + 4}{3 + 2}$$

sollten sie immer Klammern setzen, wenn sie dies in den Taschenrechner eingeben. Also bitte:

$$\frac{(6 + 4)}{(3 + 2)}$$

in den Taschenrechner eingeben.

Um das auszurechnen, tippen sie am Taschenrechner folgendes ein:

(	6	+	4
)	÷	(	3
+	2	)	=

Und erhalten dann: 2

Dann weiß der Taschenrechner, dass er erst den Zähler und dann den Nenner berechnen muss, bevor er die beiden Sachen teilt. Somit sollte 2 als Ergebnis herauskommen. Wenn sie das nicht tun und einfach 6 + 4 ÷ 3 + 2 eintippen, dann zeigt ihr Taschenrechner, egal ob er „Punkt vor Strich" versteht, als Ergebnis 9,3333 an. Das ist aber leider falsch.

Das Gleiche ist auch anzuwenden bei Multiplikationen im Nenner oder Zähler. Bei:

$$\frac{6 \cdot 5}{3 \cdot 2}$$

sollte man also:

$$\frac{(6 \cdot 5)}{(3 \cdot 2)}$$

in den Taschenrechner eingeben. Dann kommt auch 5 als richtiges Ergebnis.

Um das auszurechnen, tippen sie am Taschenrechner folgendes ein:

(	6	x	5
)	÷	(	3
x	2	)	=

Und erhalten dann: 5

Geben Sie nur 6 x 5 ÷ 3 x 2 ein, dann zeigt er 20 an. Und das wäre natürlich wieder falsch. Hier die Taschenrechnereingabe:

6	x	5	÷
3	x	2	=

Und erhalten dann: 20

Daher bitte daran denken:

Punkt vor Strich!

Bei Brüchen mit Rechenausdrücken im Nenner und Zähler immer zu-sätzliche Klammern im Nenner und Zähler verwenden.

Das war es schon. Aber sie werden nicht glauben, wie viele Fehler durch solche Unachtsamkeit schon entstanden sind. Aber ihnen passiert das jetzt nicht mehr.

Mit dem Kehrwert multiplizieren

Reden wir kurz über Brüche. Wenn sie das alles noch wissen und keine Auffrischung brauchen, dann überspringen sie das Kapitel einfach. Eigentlich hätten wir Brüche vor den Prozenten besprechen sollen, weil Prozente einen Sonderfall der Brüche darstellen. Prozente sind nämlich Brüche mit dem Nenner 100. Wie bei den Prozenten geht es bei Brüchen auch um Anteile.

Brüche schreibt man als:

$$\frac{\text{Zähler}}{\text{Nenner}}$$

wobei im Nenner die Anzahl aller Anteile steht, und im Zähler der Anteil der Teile steht, die sie wirklich haben. Wenn sie im Internet nach Bruchrechnung suchen, dann finden sie dort häufig Beispiele mit Pizzas. Also bleiben wir auch bei Pizzas.

Sie scheiden eine Pizza in 6 Stücke und nehmen dann 2 Stücke (die schwarzen Stücke in dem nachfolgenden Bild).

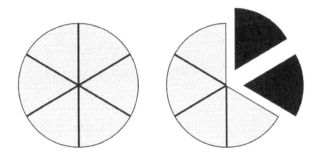

Abbildung 3-1: 2/6 vom Ganzen

Dann haben sie: $\frac{2}{6}$

Sie haben 2 der 6 Stücke. Vier der 6 Stücke bleiben übrig, also $\frac{4}{6}$

Und natürlich ergeben dann die beiden Teile zusammen wieder eine Pizza.

$$\frac{2}{6} + \frac{4}{6} = 1$$

Sie können Brüche auch erweitern oder kürzen, ohne dass sich dadurch ihre Größe dadurch ändert. Dabei multiplizieren oder dividieren sie jeweils den Nenner und den Zähler mit der gleichen Zahl.

$$\frac{2}{6} = \frac{2 \cdot 2}{6 \cdot 2} = \frac{4}{12}$$

Das heißt, wenn sie eine Pizza in 6 Stücke teilen und 2 davon essen, dann haben sie genau so viel gegessen, wie wenn sie die Pizza in 12 Stücke teilen und dann 4 davon essen.

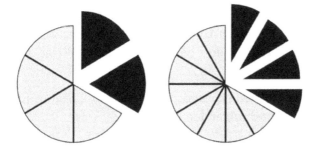

Abbildung 3-2: 2/6 ist 4/12

Das Ganze geht natürlich auch umgedreht.

$$\frac{2}{6} = \frac{2 \div 2}{6 \div 2} = \frac{1}{3}$$

Das heißt, wenn sie eine Pizza in 6 Stücke teilen und 2 davon essen, dann haben sie genau so viel gegessen, wie wenn sie die Pizza in 3 Stücke teilen und dann 1 davon essen. Brüche kann man natürlich auch addieren oder subtrahieren.

Brüche mit gleichen Nennern werden addiert oder subtrahiert, indem man die beiden Zähler addiert oder subtrahiert. Dazu müssen die Brüche aber die gleichen Nenner haben, sonst geht das nicht.

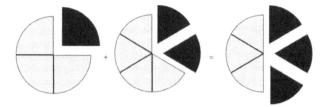

Abbildung 3-3: Addieren von Brüchen mit gleichem Nenner

$$\frac{2}{6} + \frac{1}{6} = \frac{3}{6}$$

Übrigens ist

$$\frac{3}{6} = \frac{3 \div 3}{6 \div 3} = \frac{1}{2}$$

Das heißt, sie haben eine halbe Pizza.

Was aber nun, wenn die beiden Nenner unterschiedlich sind, wie zum Beispiel bei:

$$\frac{1}{4} + \frac{2}{6} = ?$$

Falls die Brüche unterschiedliche Nenner haben, dann müssen sie diese Brüche erst auf den Hauptnenner bringen. Dazu müssen sie die Brüche entsprechend erweitern. In unserem Beispiel ist der Hauptnenner 12, da 12 sowohl ein Vielfaches von 4 und auch von 6 ist.

$$\frac{1}{4} + \frac{2}{6} = \frac{1 \cdot 3}{4 \cdot 3} + \frac{2 \cdot 2}{6 \cdot 2} = \frac{3}{12} + \frac{4}{12} = \frac{7}{12}$$

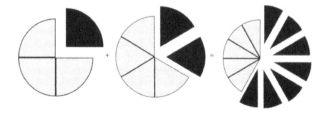

Abbildung 3-4: Addieren von Brüchen mit unterschiedlichen Nennern

Sie erweitern den ersten Bruch mit 3 und den zweiten Bruch mit 2. Dadurch erhalten sie den Hauptnenner 12. Wenn beide Brüche auf den Hauptnenner gebracht wurden, dann können sie einfach addiert werden.

Das heißt, wenn sie

$$\frac{1}{4} + \frac{2}{6}$$

addieren dann erhalten sie genau so viel, wie wenn sie ihre Pizza in 12 Stücke schneiden und davon 7 nehmen.

Brüche kann man auch multiplizieren und dividieren. Beim Multiplizieren wird einfach Zähler mit Zähler multipliziert und Nenner mit Nenner multipliziert.

$$\frac{3}{4} \cdot \frac{2}{3} = \frac{3 \cdot 2}{4 \cdot 3} = \frac{6}{12}$$

Das Ergebnis kann man natürlich durch 6 kürzen und erhält dann $\frac{1}{2}$

Noch ein Beispiel:

$$\frac{3}{4} \cdot \frac{5}{7} = \frac{15}{28}$$

Hier können sie nicht weiter kürzen, da es keine ganze Zahl gibt, die sowohl die 15 wie auch die 28 teil. Die Zahl 15 kann nur durch 3 und 5 geteilt werden. Die Zahl 28 kann durch 2, 4, 7, und 14 geteilt werden.

Sie können Brüche auch dividieren. Dazu müssen sie den ersten Bruch mit dem Kehrwert des zweiten Bruches multiplizieren. Was ist der Kehrwert? Beim Kehrwert vertauscht man einfach Zähler und Nenner.

Das heißt, aus $\frac{3}{2}$ wird $\frac{2}{3}$

Machen wir ein Beispiel:

$$\frac{3}{4} \div \frac{2}{3} = \frac{3}{4} \cdot \frac{3}{2} = \frac{3 \cdot 3}{4 \cdot 2} = \frac{9}{8}$$

oder

$$\frac{1}{7} \div \frac{5}{3} = \frac{1}{7} \cdot \frac{3}{5} = \frac{1 \cdot 3}{7 \cdot 5} = \frac{3}{35}$$

So fast geschafft, nur zur Erinnerung, falls der Zähler größer ist als der Nenner dann haben sie mehr wie ein Ganzes. Also $\frac{3}{2}$ Pizzen sind 1 Pizza und $\frac{1}{2}$ Pizza.

Ist der Zähler kleiner als der Nenner, dann haben sie natürlich weniger als 1.

Geschafft, sie haben alles was sie zum Bruchrechnen brauchen wieder-aufgefrischt.

Das reißen wir mit der Wurzel heraus

Nun wiederholen wir noch kurz das Potenzieren und das Wurzelziehen. Wurzelziehen klingt immer irgendwie wie Zahnarzt und vielleicht ist es deshalb nicht so beliebt. Aber keine Sorge, wir versuchen die Schmerzen zu vermeiden.

Wenn wir potenzieren, dann multiplizieren wir eine Zahl mehrmals mit sich selbst. Nehmen wir $3 \cdot 3 \cdot 3 \cdot 3$ als Beispiel. Wir schreiben dafür 3^4, weil die 3 ja 4-mal mit sich selbst multipliziert wird. Analog ist 10^6 das gleiche wie $10 \cdot 10 \cdot 10 \cdot 10 \cdot 10 \cdot 10 = 1.000.000$. Die 10 ist dabei die sogenannte Basis und die hochgestellte 6 bezeichnen wir als Exponent. Wir nennen dies einfach 3 hoch 4 oder 10 hoch 6.

Übrigens, wenn man Potenz-Zahlen mit gleicher Basis multipliziert, dann kann man einfach die Exponenten addieren. Wenn zum Beispiel 4^3 mit 4^2 multipliziert wird, dann haben wir ja einfach

$4 \cdot 4 \cdot 4$ multipliziert mit $4 \cdot 4$

und dies ergibt

$4 \cdot 4 \cdot 4 \cdot 4 \cdot 4$ oder 4^5.

Das Gleiche gilt natürlich auch, wenn sie dividieren.

$4^5 \div 4^2 =$

$4 \cdot 4 \cdot 4 \cdot 4 \cdot 4 \div 4 \cdot 4 =$

$4 \cdot 4 \cdot 4$ oder 4^3.

Beim Dividieren werden daher die beiden Exponenten voneinander subtrahiert. Aber das gilt nur, wenn die Basis gleich ist.

$2^4 \cdot 3^5$ können wir nicht so einfach zusammenfassen.

Wenn wir nun $4^2 \div 4^3$ haben, dann würde 2 minus 3 ja -1 ergeben. Daher können Exponenten auch negativ sein. Rechnen wir das mal durch

$4^2 \div 4^3 =$

$$\frac{4 \cdot 4}{4 \cdot 4 \cdot 4} = \frac{1}{4}$$

4^{-1} ist daher das gleiche wie ein Viertel.

Analog ist natürlich 4^{-2} das gleiche wie

$$\frac{1}{4 \cdot 4} = \frac{1}{16}$$

Einen Sonderfall der Potenzierung haben wir für den Exponenten 2. Dann reden wir von Quadrieren. Die Fläche von einem Quadrat berechnen wir ja, indem man die Seitenlänge mit sich selbst multiplizieren. Wenn die Länge eines Quadrates 7 ist, dann ist dessen Fläche schlicht 7 · 7 oder 7^2.

Das Wurzelziehen ist die „umgekehrte" Operation. Auch Multiplikation und Division, oder Addition und Subtraktion verhalten sich wie „umgekehrte" Operationen. Addiere ich zu 5 die Zahl 3 und subtrahiere ich wieder 3 erhalte ich den Ursprungswert. Analog ist es auch beim Potenzieren. Multipliziere ich 7 mit 7 erhalte ich 7^2 oder 49, nehme ich dann die Wurzel aus 7^2 erhalte ich wieder die 7. Schreiben tun wir das als √49. Diese Arten von Wurzeln nennen wir Quadratzahlen. Ich gehe mal aus, dass sie die Quadratwurzeln von 4, 9, 16, 25 und 36 einfach im Kopf bestimmen können. Schwieriger wird es schon, wenn sie √10 berechnen sollen. Sie haben also ein Quadrat mit der Fläche von 10. Dann müssen sie leider zum Taschenrechner greifen und folgendes eintippen:

10	√		

Und erhalten dann: 3,16227766018379

Das heißt, die Seitenlänge für unser Quadrat ist ungefähr 3,16.

Nur so als Nebenbemerkung. Bei Quadratwurzel gibt es immer zwei Lösungen, eine positive und eine negative. An dies müssen wir uns noch mal erinnern, falls sie das Buch weiterlesen. Die √ aus 9 ist daher 3 wie auch -3, denn 3 · 3 = 9 und auch (-3) · (-3) = 9.

Zum anderen kann man (solange man nicht mit imaginären Zahlen arbeiten will und das wollen wir im Moment nicht) keine Quadratwurzeln aus negativen Zahlen ziehen. Daher muss der Ausdruck unter der Wurzel immer größer oder gleich null sein.

Natürlich können sie das gleiche Wurzel-Prinzip auch anwenden, wenn sie andere Exponenten wie 2 haben. Nehmen wir einen Würfel als Beispiel. Das Volumen eines Würfels berechnen wir, indem wir die Seitenlänge dreimal mit sich selbst multiplizieren. Wenn die Seitenlänge des Würfels 4 ist, dann hat der Würfel ein Volumen von $4 \cdot 4 \cdot 4 = 64$. Wenn sie nun von der 64 wieder auf die 4 kommen wollen, dann müssen sie die 3. Wurzel von 64 nehmen.

Wir schreiben dies als: $\sqrt[3]{64}$

Analog schreiben wir die 7. Wurzel aus 200: $\sqrt[7]{200}$

Wir suchen also eine Zahl, die siebenmal mit sich selbst multipliziert wird und dann als Ergebnis 200 ergibt. Das können sie natürlich nicht im Kopf. Aber wir haben ja unseren Taschenrechner oder unsere Taschenrechner App am Telefon. Wir tippen einfach ein:

200	$\sqrt[y]{x}$	7	=

Und erhalten dann: 2,1316631165

Wenn sie diese Zahl 2,1316631165 siebenmal mit sich selbst multiplizieren, dann sollten sie wieder 200 erhalten.

So Wurzeln wären gezogen und das ganz ohne Schmerzmittel.

Das unheimliche x

„Der Mathe-Spaß hörte dann auf, als wir anfingen mit Buchstaben zu rechnen. Und dieses blöde x ging mir am meisten auf die Nerven." Kommt ihnen das bekannt vor? Dabei rechnen sie und ich wahrscheinlich ständig mit Buchstaben, ohne dass wir uns dessen so richtig bewusst sind. Machen wir wie üblich ein Beispiel. Sie wollen für ein neues Tablet sparen. Sie können im Monat 40 € zurücklegen und wissen, dass ihr Wunsch-Tablet 640 € kostet. Nun interessiert sie wie viele Monate sie dafür sparen müssen. In ihrem Kopf haben sie daher:

Monate · 40 € soll 640 € ergeben.

Und damit rechnen sie bereits mit Buchstaben, nämlich mit den Buchstaben „M", „o", „n", „a", „t", und „e", da diese Buchstaben ja Teil des Wortes „Monate" sind.

Mathematiker sind immer faul und wollen möglichst wenig schreiben. Daher sagen wir uns, lass uns doch x nehmen, wenn wir über die Anzahl der Monate reden. Damit haben wir dann:

$x \cdot 40 € = 640 €$.

Natürlich interessiert uns, wie viele Monate sie sparen müssen. Daher sollte es unser Ziel sein, dass wir die Aufgabe so umformen, dass ein Ausdruck wie „Anzahl der Monate =" oder in unserer kurzen Form „x =" übrigbleibt. Dieses „x" erhalten wir, wenn wir die 640 € durch 40 € teilen. Ist ja logisch, oder? Das heißt, aus:

$x \cdot 40 € = 640 €$ wird

$x = 640 € \div 40 € = 16$.

Daher brauchen sie 16 Monate, bis sie das Geld zusammen haben. In der Mathematik sagt man, dass man die Gleichung nach x aufgelöst hat, also x isoliert hat, sodass ein Ausdruck wie „x =" übrigbleibt. Ich hatte ja bereits erwähnt, dass Mathematiker faule Leute sind. Wenn man so ein „x" verwendet anstelle von „Monate", dann hat das den Vorteil, dass man die gleiche Aufgabe bereits auch hingeschrieben hat, wenn man zum Beispiel 40 € pro Woche sparen kann. Man sagt einfach x entspricht der Anzahl der Wochen und die Gleichung x · 40 € = 640 € bleibt die gleiche. Das heißt, wir haben 2 Fliegen mit einer Klappe erschlagen. Aber letztlich müssen wir uns im Vorfeld klar sein, was den x eigentlich repräsentiert. Übrigens, beschäftigen sich Mathematiker auch mit solchen Gleichungen, ohne sich über die Repräsentation von x Gedanken zu machen. Sie meinen einfach, wenn es für irgendjemand wichtig und interessant ist, dann wird er sich dazu schon was einfallen lassen. Allerdings haben wir die Aufgabe unabhängig davon bereits gelöst.

Machen wir ein anderes Beispiel. Rudi hat bereits 400 € gespart und spart jede Woche weitere 20 €. Lisa hat schon 600 € gespart, kann aber nur weitere 10 € pro Woche sparen. Sie interessiert es nun, nach wie vielen Wochen Lisa und Rudi gleich viel angespart haben. Also legen wir fest, dass unser x die Anzahl der Wochen beschreibt. Dann haben wir die folgende Gleichung vor uns, die wir nach x auflösen wollen:

$$400 + x \cdot 20 = 600 + x \cdot 10$$

Sie werden durch etwas probieren sicherlich schnell herausfinden, dass x = 20 sein muss. Aber wir wollen ja nicht probieren, sondern rechnen.

Stellen Sie sich $3567 + x \cdot 18 = 2187 + x \cdot 45$ vor. Dann wird es mit dem Probieren schon etwas schwieriger.

Wir reden ja hier von einer Gleichung. Das bedeutet erst mal, dass der Ausdruck auf der linken Seite vor dem „=" Zeichen das gleiche darstellt, wie der Ausdruck auf der rechten Seite. Da fällt uns ja gleich die Analogie zu einer Balkenwaage ein. Unser Ziel ist es nun diese Balkenwaage im Gleichgewicht zu halten, allerdings am Ende zu einer Wägung zu kommen, bei der das x ganz allein in der Waagschale ist:

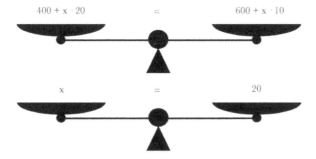

$$400 + x \cdot 20 \qquad = \qquad 600 + x \cdot 10$$

$$x \qquad = \qquad 20$$

Abbildung 3-5: Die Gleichungswaage

Wie kommen wir nun dahin? Unsere Grundüberlegung ist, dass die Waage im Gleichgewicht bleibt, wenn wir auf beiden Seiten das Gleiche tun. Wenn wir zum Beispiel 5 auf der linken Seite drauflegen, dann müssen wir auch 5 auf die rechte Seite legen, um die Waage im Gleichgewicht zu halten. Wenn wir den Inhalt der linken Seite verdoppeln, dann müssen wir das auch auf der rechten Seite tun. Ansonsten geraden wir aus dem Gleichgewicht.

Betrachten wir noch mal unsere Gleichung:

$400 + x \cdot 20 = 600 + x \cdot 10$

Dann subtrahieren wir auf beiden Seiten 400 und erhalten:

$400 + x \cdot 20 - 400 = 600 + x \cdot 10 - 400$

Das ergibt dann:

$x \cdot 20 = 200 + x \cdot 10$

Nun subtrahieren wir auf beiden Seiten $x \cdot 10$ und erhalten:

$x \cdot 20 - x \cdot 10 = 200 + x \cdot 10 - x \cdot 10$

Das ergibt dann:

$x \cdot 10 = 200$

Wenn wir jetzt beide Seiten durch 10 teilen, erhalten wir:

x · 10 ÷ 10 = 200 ÷ 10

und damit:

x = 20.

Damit haben wir die Lösung. Wir haben also immer sowohl auf der linken Seite der Gleichung wie auf der rechten Seite das Gleiche hinzugenommen oder weggenommen. Das Ziel muss dann immer sein unser x zu isolieren, sodass man letztlich weiß was x sein muss, um die Gleichung zu lösen.

Machen wir ein kleines zweites Beispiel. Sie haben in ihrem Laden einen Bestand von 235 Weinflaschen und planen jeden Tag 5 Flaschen zu verkaufen. Wenn ihr Bestand auf 100 Flaschen gesunken ist, dann müssen sie Wein bei ihrem Lieferanden nachbestellen. Nach wie vielen Tagen müssen sie mit der Nachbestellung rechnen?

Gleichung: 235 - 5 · x = 100, wobei x die Anzahl der Tage darstellt.

Erster Schritt: Wir addieren auf beiden Seite 5 · x

235 - 5 · x + 5 · x = 100 + 5 · x

Die ergibt dann:

235 = 100 + 5 · x

Dann subtrahieren wir auf beiden Seiten 100 und erhalten

235 - 100 = 100 + 5 · x - 100 oder

135 = 5 · x

Dann teilen wir beide Seiten durch 5 und erhalten:

135 ÷ 5 = 5 · x ÷ 5 oder

27 = x

Das heißt, sie müssen damit rechnen, dass sie in 27 Tagen eine neue Weinbestellung herausschicken müssen.

Gleichungen dieser Art heißen lineare Gleichungen und können einfach durch geschicktes Addieren oder Multiplizieren auf beiden Seiten gelöst werden. Natürlich gibt es auch andere Gleichungen, bei denen man etwas mehr tun muss.

Wie üblich, ein Beispiel. Sie haben einen Eimer Bodenfarbe, der für eine Fläche von 49 qm reicht. Sie wollen auf einem Spielfeld ein quadratisches Feld mit dieser Farbe bestreichen. Wie lang ist dieses Quadrat? Wir haben also folgende Gleichung:

x^2 = 49, da die Fläche eines Quadrates durch Quadrieren der Seitenlänge x ermittelt wird.

Wir ziehen daher auf beiden Seiten der Gleichung die Quadratwurzel und erhalten:

x = 7

Daher hat das Quadrat eine Länge von 7 m.

Aber die Vorgehensweise ist die Gleiche. Wir tun auf beiden Seiten das Gleiche, um x zu isolieren. Als Faustregel gilt immer, dass man das „Umgekehrte" tun muss, um Dinge von einer Seite wegzubekommen. Hat man x + 17 und will die 17 wegbekommen, muss man schlichtweg 17 subtrahieren. Hat man 4 · x und will die 4 wegbekommen, dann muss man die ganze Sache durch 4 teilen. So geht das auch bei einem Quadrat. Hat man x^2 und will das Quadrat wegbekommen, so nimmt man die Quadratwurzel (siehe auch das vorige Kapitel zum Thema Wurzelziehen).

Machen wir noch ein Beispiel zu quadratischen Gleichungen und zeigen auf, wie wir diese lösen können.

Erinnern sie sich noch an ihre Führerscheinprüfung? Ist schon lange her, oder? In der Führerscheinausbildung lernt man Faustformeln zur Berechnung des Anhaltewegs. Der Anhalteweg setzt sich zusammen aus dem Reaktionsweg (den Weg, den sie zurücklegen, bis sie reagieren und die Bremse durchdrücken) und dem Bremsweg (den Weg, bis sie durch das Bremsen zum Stehen kommen).

Für den Reaktionsweg gibt es folgende Faustformel, wobei r den Reaktionsweg in Metern angibt und unser liebes x die Geschwindigkeit in km/h darstellt.

$$r = 3 \cdot \frac{x}{10}$$

Also angenommen sie fahren 50 km/h dann beträgt der Reaktionsweg

$$r = 3 \cdot \frac{50}{10} = 3 \cdot 5 = 15$$

Sie legen also erst mal noch 15 m zurück bevor sie Bremse durchdrücken.

Für den Bremsweg gibt es folgende Faustformel, wobei b den Bremsweg in Metern angibt und unser liebes x die Geschwindigkeit in km/h darstellt.

$$b = \frac{x^2}{100}$$

Also wieder angenommen sie fahren 50 km/h dann beträgt der Bremsweg

$$b = \frac{50^2}{100} = \frac{2500}{100} = 25$$

Sie legen also nochmals 25 m zurück bevor sie zum Stehen kommen.

Der Anhalteweg ist r + b und in unserem Beispiel ist dies dann 15 m + 25 m = 40 m.

Nun betrachten wir mal den Fall, dass der Anhalteweg 180 m ist. Die Frage ist nun mit welcher Geschwindigkeit sie gefahren sind, bevor sie reagierten und bremsten.

r + b = 180

Setzen wir die Formeln für den Reaktionsweg und Bremsweg ein.

$$3 \cdot \frac{x}{10} + \frac{x^2}{100} = 180$$

Nun subtrahieren wir 180 auf beiden Seiten und erhalten:

$$3 \cdot \frac{x}{10} + \frac{x^2}{100} - 180 = 0$$

Jetzt stellen wir das noch etwas um und erhalten:

$$\frac{x^2}{100} + 3 \cdot \frac{x}{10} - 180 = 0$$

Da wir nun eine quadratische Gleichung haben, klappt unser obiger Ansatz zu linearen Gleichungen nicht. Wir können daher nicht ganz so einfach x isolieren.

Derartige Gleichungen kann man mit der Mitternachtsformel lösen. Der Name der Formel kommt übrigens nicht von einem Mathematiker mit dem Namen Mitternacht. Viele Lehrer betrachteten die Formel so wichtig und wollten, dass Schüler diese Formel aufsagen können, selbst wenn man sie um Mitternacht weckt und nach der Formel fragt [4]. Wie lautet nun diese Formel, für die manche mitten in der Nacht geweckt wurden.

Für eine quadratische Gleichung a $\cdot$ x^2 + b $\cdot$ x + c = 0 gibt es entweder keine, eine oder zwei Lösungen.

Nur so am Rande bemerkt, Mathematiker sind faul und wollen immer wenig schreiben. Bei Multiplikationen von Buchstaben lassen sie deshalb oft das Multiplikationszeichen „$\cdot$" einfach weg. Das heißt, sie schreiben oft anstelle von a $\cdot$ x^2 + b $\cdot$ x + c = 0 einfach ax^2+bx+c=0. Aber falls sie das Multiplikationszeichen verwenden, dann ist das natürlich auch korrekt.

Diese Lösungen von ax^2+bx+c=0 können angegeben werden als:

$$x = \frac{-b \pm \sqrt{b^2 - 4ac}}{2a}$$

Sie sehen das $\pm$ Zeichen in der Formel. Daher haben wir maximal 2 Lösungen. Einmal eine für „+" und einmal eine für „-". Sie wissen ja noch, dass man keine Wurzel aus negativen Zahlen ziehen kann. Falls daher der Ausdruck unter der Wurzel b^2 - 4ac kleiner als 0 ist, dann haben wir keine Lösung für diese Gleichung. Falls der Ausdruck unter der Wurzel

b^2 - 4ac gleich 0 ist, dann hat es nur eine Lösung für diese Gleichung, da ja die Wurzel gleich 0 ist und wegfällt. Diese Lösung lautet dann:

$$x = \frac{-b}{2a}$$

Falls der Ausdruck unter der Wurzel b^2 - 4ac größer 0 ist, dann hat es zwei Lösungen, nämlich:

$$x = \frac{-b + \sqrt{b^2 - 4ac}}{2a}$$

und

$$x = \frac{-b - \sqrt{b^2 - 4ac}}{2a}$$

Wenden wir dieses nun für unsere Aufgabe

$$\frac{x^2}{100} + 3 \cdot \frac{x}{10} - 180 = 0$$

an.

Bei unserer Anhalteweg-Gleichung ist

a=1/100=0,01

b=3/10=0,3 und

c=-180.

Setzen wir dies nun in unsere Formel ein und wir erhalten:

$$x = \frac{-0,3 \pm \sqrt{0,3^2 - 4 \cdot 0,01 \cdot (-180)}}{2 \cdot 0,01}$$

$$x = \frac{-0,3 \pm \sqrt{0,09 + 7,2}}{0,02} = \frac{-0,3 \pm \sqrt{7,29}}{0,02} = \frac{-0,3 \pm 2,7}{0,02}$$

Da es hier zwei Lösungen gibt, betrachten wir nun die erste davon.

$$x = \frac{-0,3 + 2,7}{0,02} = \frac{2,4}{0,02} = 120$$

Das heißt, bei einem Anhalteweg von 180 m kann man auf eine ungefähre Geschwindigkeit vom 120 km/h schließen.

Überprüfen wir, ob es eine weitere Lösung gibt.

$$x = \frac{-0{,}3 - 2{,}7}{0{,}02} = \frac{-3}{0{,}02} = -150$$

Obwohl -150 eine weitere Lösung unserer quadratischen Gleichung ist, ergibt diese natürlich keinen Sinn für unser Anhalteweg-Szenario. Daher verwerfen wir diese Lösung, und bleiben bei der Geschwindigkeit von 120 km/h als Lösung.

Uff, geschafft. Nun ist erst mal Zeit zum Reagieren und Anhalten, sprich Verschnaufen. Aber sie konnten sehen, wie man mit Gleichungen recht normale Sachverhalte erkunden kann. Und wie gesagt, sie müssen sich immer vor Augen halten, dass „x" nur eine abgekürzte Schreibweise ist für die Größe, die sie berechnen wollen. Natürlich steht es ihnen frei, ob sie „x" verwenden oder irgendeinen anderen Buchstaben verwenden wollen. Dem Rechenweg ist dies egal.

Nun für komplexere Gleichung, nehmen wir mal:

$7x^3 - 16x^2 + 4x - 5 = 0$

gibt es keine fertigen Formeln, die es erlauben die Lösungen einfach zu bestimmen. Daher werden hier oft Näherungsverfahren verwendet, die die Lösung dann näherungsweise iterativ ermitteln. Durch diese Verfahren probieren sie einfach und wiederholen dies in einer strukturierten Art und Weise, bis sie eine genügend genaue Lösung haben. Dies behandeln wir dann in mehr Detail in einem anderen Buch. Es gibt es auch Gleichungen, wo das Auflösen gar nicht klappt. Egal wie arg man sich anstrengt.

Jetzt gehen wir doch noch auf einen letzten Gleichungstyp ein. Fangen wir dazu mit einem konkreten Beispiel aus der Prozentrechnung an.

Sie legen 1.000 € zu einem Zins von 5 % pro Jahr an. Dann wissen sie ja noch aus dem Kapitel über Prozente, dass sie nach einem Jahr 1.000 € ·

1,05 = 1.050 € haben. Wenn sie ihre Einlage für 3 Jahre anlegen, dann erhalten sie

1.000 € · 1,05 · 1,05 · 1,05 = 1157,63 €.

Sie wissen auch, dass man anstelle

1.000 € · 1,05 · 1,05 · 1,05 auch 1.000 € · 1,05^3

schreiben kann. Sie wollen nun wissen, wie viele Jahre sie ihr Geld anlegen müssen, bis sie 2.000 € haben. Sie können dies natürlich ausprobieren und immer wieder mit 1,05 multiplizieren und überprüfen, was dabei herauskommt. Aber wir rechnen das lieber aus. Unsere Aufgabe lautet:

1.000 € · 1,05^x = 2.000 €

und unser x stellt die Anzahl der Jahre dar. Solche Gleichungen nennt man Exponentialgleichungen. Diese werden mit dem „Logarithmus" gelöst. Das machen sie dann mit dem Taschenrechner. Formen wir dazu die obige Gleichung erst noch einmal um, indem wir beide Seite durch 1.000 € teilen. Dann erhalten wir

1.000 € · 1,05^x ÷ 1.000 € = 2.000 € ÷ 1.000 €

1,05^x = 2

Unser x steht aber „oben". Um das x nach unten zu bringen, brauchen wir den Logarithmus. In unserem Fall ist

x = ln (2) ÷ ln (1,05)

Wenn sie dies in ihren Taschenrechner eintippen:

2	ln	÷	1,05
ln	=		

Und erhalten dann: 14,2066990828905

Das heißt, nach 14,2 Jahren haben sie aus ihren 1.000 € ein Kapital von 2.000 € gemacht.

Sie müssen den Logarithmus nicht im Detail verstehen, solange sie wissen, dass sie ihn für solche Aufgaben brauchen können. So wie „+" und „-" zusammenhängen, so hängen auch Logarithmus und Exponenten zusammen. Der Logarithmus ist eine Verhältniszahl, mit der man eine andere Zahl potenzieren kann, um einen bekannten Zahlenwert zu erhalten.

Machen wir noch ein finales Beispiel dazu mit einem aktuellen Bezug zu der COVID-19-Pandemie in 2020. Nehmen wir ein fiktives Land, in dem es 100.000 Infizierte gibt. Von einem Tag zu nächsten Tag kommen 2.500 neue Infizierte hinzu. Dann haben sie einen Zuwachs von 2.500 ÷ 100.000 = 0,025 = 2,5 % pro Tag. Das heißt, sie haben nach einem Tag 100.000 · 1,025 = 102.500 Infizierte. Nach 2 Tagen haben sie dann 100.000 · 1,025 · 1,025 = 105.063 Infizierte. Sie interessiert nun nach wie vielen Tagen sich die Infizierten verdoppelt haben. Somit kommen sie zu folgender Gleichung:

$100.000 \cdot 1,025^x = 200.000$,

wobei x die Anzahl der Tage bis zur Verdoppelung ist.

Wir formen die Gleichung um und teilen durch 100.000 und erhalten:

$1,025^x = 2$

Dann ist $x = \ln(2) \div \ln(1,025) = 28,07$.

Somit haben sich die Infizierten nach ca. 28 Tagen verdoppelt.

Hier die Taschenrechner Eingabe:

2	ln	÷	1,025
ln	=		

Und erhalten dann: 28,0710345259386

Wenn sie wissen wollen, wann sich die Verzehnfacht haben, dann rechnen sie einfach

10	ln	÷	1,025
ln	=		

Und erhalten dann: 93,2499582442687

Das heißt, nach 93 Tagen haben sich die Infizierten verzehnfacht.

Kurze Nebenbemerkung. Hier wird natürlich nicht berücksichtigt, dass Infizierte auch genesen und die Anzahl verändern. Außerdem ist die Rate natürlich nicht konstant, sondern wird sich auch im Lauf der Tage verändern. Aber es gibt ihnen ein Gefühl, was eine Verdoppelungszahl ist und wie man sie berechnen kann.

Bei exponentiellen Gleichungen steigen die Dinge sehr schnell an und dies wird häufig nicht spontan erkannt. Nehmen wir einen Alpensee. Dort breitet sich eine Alge aus und der Algenteppich verdoppelt sich jeden Tag. Am 40. Tag ist der komplette See mit Algen überzogen. Spontane Frage: Nach wie vielen Tagen war der halbe See mit Algen überzogen. Die Antwort ist oft „am 20. Tag". Aber die richtige Antwort ist der 39. Tag, da sich der Algenteppich ja täglich verdoppelt. Wenn der See am 39. Tag halb überzogen ist und sich jeden Tag verdoppelt, dann ist er am 40. Tag komplett überzogen.

Wir haben in diesem Kapitel:

- lineare

- quadratische und

- exponentielle

Gleichungen besprochen. Hoffentlich haben sie die Scheue von dem unheimlichen x etwas verloren. Mit diesen drei Gleichungstypen sollten sie schon fast in der Lage sein, eine Raketenbahn in den Weltraum zu berechnen. Sie haben sich definitiv eine Pause verdient. Und dann überfliegen sie morgen noch mal das Kapitel. Dann sollten sie alles parat haben, um mühelos durch den Rest des Buches zu kommen. Glückwunsch zum Vordiplom!

Kopfrechnen

Ja, man kann auch mit dem Kopf rechnen und im Kopf rechnen, zumindest einige einfache Aufgaben. Ich weiß, dass sie ihr Handy mit Taschenrechner App immer dabeihaben. Aber stellen Sie sich einfach vor, sie sitzen mit einem Geschäftskollegen in einer Sauna und müssen, für ein wichtiges Geschäft, einige Dinge überschlagen. Also da geht kein Handy.

Kopfrechnen ist meist Übungssache, also üben, üben, und dann geht das ganze auch schneller. Aber mit einigen kleinen Tricks geht es oft etwas schneller. Hier eine Zusammenfassung einiger einfacher Tricks.

Bei Addition und Subtraktion ist es oft hilfreich eine schwierige Aufgabe in mehrere einfachen Aufgaben aufzuteilen. Dies kann, obwohl es dann mehrere Aufgaben sind, oft schneller gehen. Aber da steckt auch etwas Übung dahinter.

Wenn ich 78 und 69 addieren soll, dann rechne ich:

$70 + 60 = 130$

$8 + 9 = 17$ und

$130 + 17 = 147$

Das geht bei mir zumindest schneller, obwohl es drei Rechnungen sind, anstelle einer.

Bei $545 + 387$ mache ich dann:

$500 + 300 = 800$

$40 + 80 = 120$

$800 + 120 = 920$

$5 + 7 = 12$

$920 + 12 = 932$

Schaut umständlich aus, bei mir geht es allerdings schneller.

Wenn ich $87 - 39$ ausrechne, dann rechne ich:

80 - 30 = 50

50 - 9 = 41

41 + 7 = 48

Bei 95 - 48 geht es dann analog:

90 - 40 = 50

50 - 8 = 42

42 + 5 = 47

Also + und - gemischt, um zum Ergebnis zu kommen.

Auch bei aufeinanderfolgenden Zahlen gibt es ein paar Abkürzungen.

Bei 49 + 50 + 51 rechne ich 50 · 3 = 150.

Bei 22 + 23 + 24 + 25 + 26 + 27 + 28 rechne ich 25 · 7 = 175.

Also immer, wenn es ungerade Summanden, also 3, 5, 7, 9 etc. sind, dann multipliziert man die „Mitte" mit der Anzahl der Zahlen.

Bei 22 + 23 + 24 + 25 + 26 + 27 + 28 ist die Mitte 25 und es gibt 7 Summanden.

Das Ganze geht recht ähnlich, wenn man eine gerade Anzahl an Summanden hat.

Also 2 + 3 + 4 + 5 =

(5 + 2) · 4 ÷ 2 = 14

oder

11 + 12 +13 +14 + 15 + 16 =

(16 + 11) · 6 ÷ 2 =

27 · 3 = 81.

Die erste Zahl plus die letzte Zahl, und das Ergebnis dann multipliziert mit der Hälfte der Zahlen in der Reihe. Noch ein Versuch:

20 + 21 + 22 + 23 + 24 + 25 + 26 + 27 + 28 + 29 =

$(20 + 29) \cdot 10 \div 2 =$

$49 \cdot 5 = 245.$

Übrigens, dieses Prinzip hatte der deutsche Mathematiker Gauß als 9-Jähriger entdeckt. Als er in der Schule alle Zahlen von 1 bis 100 addieren sollte, schrieb er einfach $(1 + 100) \cdot 100 \div 2 = 101 \cdot 50 = 5050$. Der Rest seiner Mitschüler war für diese Aufgabe allerdings eine Stunde beschäftigt.

Auch beim Multiplizieren kann man eine Aufgabe in mehrere einfachen Aufgaben zerlegen. Nehmen wie $7 \cdot 16$ und rechnen dann:

$7 \cdot 10 = 70$

$7 \cdot 6 = 42$

$70 + 42 = 112$

oder $39 \cdot 5$:

$30 \cdot 5 = 150$

$9 \cdot 5 = 45$

$150 + 45 = 195.$

Bei Multiplikation mit 5 verwende ich auch oft eine Multiplikation mit 10 und eine Division durch 2. Nehmen wir $39 \cdot 5$:

$39 \cdot 10 = 390$ und

$390 \div 2 = 195,$

also erst mit 10 multiplizieren und dann wieder durch 2 teilen, da $10 \div 2$ ja gleich 5 ist. Verstanden? Multiplikation mit 10 heißt ja einfach eine 0 daran hängen, als $395 \cdot 10 = 3950$.

Wann ist eine Zahl durch 2 teilbar? Immer dann, wenn sie mit einer geraden Ziffer, also 0, 2, 4, 6 oder 8, endet. Also 456712 ist durch 2 teilbar.

Wann ist eine Zahl durch 3 teilbar? Immer dann, wenn die Summe ihrer Ziffern durch 3 teilbar ist. Also nehmen wir 843. $8 + 4 + 3 = 15$ und 15 ist durch 3 teilbar, also ist 843 durch 3 teilbar.

Wann ist eine Zahl durch 4 teilbar? Sie ist durch 4 teilbar, wenn sie zweimal durch 2 teilbar ist. Also $150 \div 2 = 75$. 75 endet mit einer ungeraden Zahl, also ist 75 nicht durch 2 teilbar und somit 150 nicht durch 4 teilbar. 240 ist durch 2 teilbar, da $240 \div 2 = 120$ und 120 endet mit einer geraden Zahl. Daher ist 240 durch 4 teilbar. Eine Zahl ist durch 5 teilbar, wenn sie mit 5 oder 0 endet. Und eine Zahl ist durch 10 teilbar, wenn sie mit einer 0 endet. Huff, geschafft.

Im Internet findet man noch viele Tipps und Tricks zum Thema Kopfrechnen. Mir haben sehr gut die Tipps auf ingenieur.de gefallen [5]. Aber Üben und Üben sind der Schlüssel zum Erfolg. Wenn sie das nächste Mal auf einer langweiligen Party sind, dann wissen sie ja, wie sie sich die Zeit vertreiben können.

Miles and More

Etwas Kopfrechnen kann durchaus auch von Vorteil sein, wenn man im Urlaub oder berufsbedingt in Ländern unterwegs ist, die ein anderes Einheiten-System verwenden. In Deutschland und vielen anderen Ländern der Erde hat man im 19. Jahrhundert das metrische System eingeführt, um Einheiten zu vereinheitlichen und auch zu vereinfachen. 1889 wurden Meter, Kilogramm und auch die Sekunde als internationale Basiseinheiten festgelegt, obwohl der Meter bereits 90 Jahre vorher in Frankreich als Einheit gesetzlich eingeführt wurde. Leider gab und gibt es auch Staaten, speziell Großbritannien, die USA, und Japan, die sich dem aus traditionellen Gründen widersetzten und bei ihrem „alten" Einheitssystem bleiben wollten. Und so ist es bis heute. In den USA hat man Grad Fahrenheit, Miles, und Gallonen, während es im Rest der Welt Grad Celsius, Kilometer und Liter gibt.

"A Mile shall contain eight Furlongs, every Furlong forty Poles, and every Pole shall contain sixteen Foot and an half." [6]. So wurde die englische Meile ursprünglich mal definiert. Klingt ganz schön kompliziert und letztlich bedeutet dies das eine Meile genau 1.609,344 Meter entspricht.

Ähnliche krumme Umrechnungen ergeben sich auch, wenn man Gallonen in Liter oder Fahrenheit in Celsius umrechnen möchte. Aber früher wurden Längen anhand von Dingen wie Daumenbreiten (daher kommt Inch oder Zoll), Fußlängen etc. festgemacht. Übrigens, wer glaubt, dass die metrischen Einheiten einfacher definiert sind, der irrt sich. Ein Meter ist zum Beispiel definiert als die Länge der Strecke, die das Licht im Vakuum während der Dauer von 1/299.792.458 Sekunde zurücklegt. Alles klar?

Nachdem ich mehr als fünf Jahre in USA gelebt habe und auch jetzt (ausgenommen COVID-19 Zeit) mehrmals pro Jahr in den USA bin, musste ich mich zwangsläufig mit dem angloamerikanischen System auseinandersetzen. Mittlerweile gibt es für jedes Smartphone eine Konvertierungs-App, aber es ist doch mühsam in einer Unterhaltung über das Wetter ständig auf seinem Telefon her umzutippen. Daher habe ich mir ein paar einfache Umrechnungen überlegt, die zwar nicht 100 % genau sind, aber helfen den Alltag zu meistern mit einer akzeptablen Ungenauigkeit.

Verstehen Sie mich bitte nicht falsch. Es gibt natürlich viele Situationen, bei denen diese Faustformeln nicht anwendbar sind, weil Genauigkeit einfach wichtig ist. Ich habe mal gelesen, dass es bei einer NASA Operation einen Umrechnungsfehler gab mit fatalen Folgen. Der Mars Surveyor 1998 Orbiter, später Mars Climate Orbiter genannt, wurde auf eine Mars-Umlaufbahn von zu geringer Höhe geschossen und ging dabei verloren. Die Ursache waren Umrechnungsfehler von metrischen Einheiten auf amerikanische Einheiten. Also Präzision ist wichtig, aber ob beim Backen eines Kuchens nun 5 Gramm Mehl mehr oder weniger verwendet werden, hat wenig Auswirkungen auf den Geschmack.

Nun zu meinen Umrechnung-Faustformeln. Fangen wir mit der Temperatur an. In USA wird die Temperatur in Grad Fahrenheit angegeben, bei uns in Deutschland verwenden wir Grad Celsius.

Die genauen Umrechnungen lauten:

$$\text{Celcius} = \frac{5 \cdot (\text{Fahrenheit} - 32)}{9}$$

und

$$\text{Fahrenheit} = \frac{9 \cdot \text{Celcius}}{5} + 32$$

Machen wir zwei Beispiele.

80 Grad Fahrenheit ergibt in Celsius:

$$\text{Celcius} = \frac{5 \cdot (80 - 32)}{9} = 26{,}7$$

10 Grad Celsius ergibt in Fahrenheit:

$$\text{Fahrenheit} = \frac{9 \cdot 10}{5} + 32 = 50$$

Das heißt, 80 Grad Fahrenheit entspricht 26,7 Grad Celsius, und 10 Grad Celsius entspricht 50 Grad Fahrenheit. Allerdings sind diese Formeln nicht unbedingt „handy" und erfordern - neben dem, dass man sie sich erst mal merken muss - auch einiges Geschick beim Kopfrechnen. Daher hab ich mir einfachere Formeln überlegt, die ich mir besser merken kann und die sich auch schneller ohne Hilfsmittel ausrechnen lassen. Allerdings geben diese Formeln nur einen ungefähren Wert und sind nicht exakt, aber ernsthaft, für mich macht es wenig Unterschied, ob es nun 27 Grad oder 28 Grad sind.

Also hier zu meinen Annäherungsformeln:

$$\text{Celcius} = \frac{\text{Fahrenheit} - 30}{2}$$

$$\text{Fahrenheit} = 2 \cdot \text{Celcius} + 30$$

Testen wir dies an den obigen zwei Beispielen.

80 Grad Fahrenheit ergibt in Celsius: (80-30) ÷ 2 = 25. Das heißt, hier liegen wir um 1,7 Grad daneben zu dem tatsächlichen Wert. Wäre kritisch für eine Raumsonde, aber um zu überlegen, ob ich eine Jacke brauche oder nicht, sollte die Näherung reichen.

10 Grad Celsius ergibt in Fahrenheit: 2 · 10 + 30 = 50. Hier haben wir sogar eine Punktlandung und Näherung und exakter Wert sind gleich.

Mir hatten diese beiden Näherungen immer gereicht, allerdings muss ich auch sagen, dass ich nach mehreren Jahren in USA auch in Fahrenheit gedacht habe und gar nicht mehr umgerechnet habe.

Auch für Meilen und Kilometer habe ich mir eine Abkürzung einfallen lassen, da ich selbst ungern mit 1.609,344 im Kopf multipliziere oder dividiere. Hier mein Verfahren.

Fangen wir mit Umrechnung von Meilen nach Kilometer an und machen dies gleich mit einem Beispiel. Nehmen wir 80 Meilen. Dann nehme ich davon 50 % sprich 40 Meilen und dann 10 % sprich 8 Meilen und zähle die drei Werte zusammen, also 80 + 40 + 8 = 128 km. Wieso geht das so? Weil letztlich der Umrechnungsfaktor 1,6 einem Prozentsatz von 160 % ausmachen. Noch ein Beispiel: 30 Meilen, davon 50 % ist 15 Meilen, und 10 % von 30 Meilen ergibt 3 Meilen. Die Summe ist 30 + 15 +

3, also 48 km. Klingt zwar etwas umständlich, aber ich finde es geht recht schnell und ist im Kopf durchaus machbar.

Gehen wir den umgekehrten Weg. Wir nehmen als Beispiel 128 km. Dann nehme ich wieder 50 % also 64 km. Dann mach ich Folgendes. Ich nehme dreimal hinter einander die Hälfte von 128, also 64, 32 und 16. Die 16 addiere ich dann zu den 64 und erhalte 80 Meilen. Wie zur Hölle komme ich jetzt da drauf? Einfach, weil dreimal die Hälfte einem Achtel entspricht und ein Achtel und ein Halb ergibt fünf Achtel. Und letztlich muss man die Meilen einfach mit 5/8 multiplizieren. Noch ein Beispiel, um es zu verinnerlichen. Wir nehmen 100 km. Die Hälfte ergibt 50 km. 100 km halbiert ergibt 50, noch mal halbiert ergibt 25 und noch mal ergibt 12,5. Dann 50 + 12,5 und schon haben wir 62,5 Meilen. Mit etwas Übung geht das sehr flott.

Auch bei anderen Umrechnungen kann man sich einfache Annäherungen herleiten. Eine amerikanische Gallone entspricht 3,79 Liter. Ich habe einfach 4 Liter gerechnet und dann 5 % abgezogen oder halt dran gedacht, dass es ein klein wenig weniger ist und die 5 % ignoriert. Beispiel: 5 Gallonen mal 4 ergibt 20. 10 % von 20 sind 2 Liter und davon die Hälfte ist 1 Liter. 20 Liter minus 1 Liter ergibt 19 Liter. Solange man Prozentrechnung und etwas Kopfrechnen kann, ist dies alles kein Problem.

Übrigens, in den USA wird der Kraftstoffverbrauch eines Autos in Miles per Gallon angegeben. Dieser Wert gibt an wie viele Meilen sie mit einer Gallone Benzin fahren können. In Europa nimmt man Liter pro 100 km. Probieren sie sich mal und rechnen von Miles per Gallon in Liter pro 100 km um. Wenn sie 20 Meilen pro Gallonen nehmen, dann sollten sie in etwa 11,76 Liter pro 100 km herausbekommen. Viel Spaß beim Probieren.

Natürlich kann man sich auch entsprechende Eselsbrücken bauen, wenn es um Ounces und Cups geht. Leider ist Backen und Kochen nicht so mein Ding, und ich habe uns einfach eine Umrechnungstabelle ausgedruckt und die, mit einem Magneten, an unseren Kühlschrank gepinnt. So kann man das natürlich auch lösen, allerdings hatte ich unterwegs auch wenig Gespräche, bei denen es um Cups oder Ounces ging.

Sonst wäre ich ja in die Situation gekommen, dass ich unseren Kühlschrank hätte mitnehmen müssen.

Aber letztlich sollten sie erkennen, dass man bei vielen Umrechnungen sich ein paar einfache Eselsbrücken bauen kann, die im normalen Alltag, aber natürlich nicht für die Steuerung eines Satelliten, durchaus OK sind.

4. Da hab ich mir ein Haus gekauft

Warnung: In diesem Kapitel kommen kompliziert ausschauende Formeln vor und sie brauchen ein paar Basics aus dem vorigen Kapitel. Sie müssen diese Formeln aber weder herleiten, noch müssen sie diese Formeln auswendig lernen. Das einzige, was sie müssen, falls sie dieses Kapitel nicht überspringen wollen, sind die entsprechenden Tasten auf ihrem Taschenrechner oder auf einer Taschenrechner-App auf ihrem Smartphone zu finden. Ich denke, dass bekommen sie hin :-) Also nun „Fasten your Seat Belts", wie man so schön sagt.

Wenn die Kreditzinsen niedrig sind, dann steigt die Nachfrage nach einer eigenen Immobilie. Speziell in den letzten Jahren waren die Kreditzinsen extrem niedrig, was zu einem regelrechten Boom bei Immobilien führte. Allerdings muss ich anmerken, dass fallende Zinsen natürlich auch dazu führen, dass die Immobilienpreise kräftig steigen. Gespart bei den Zinsen, aber darauf gelegt bei Wohnungs- oder Hauskaufpreis.

Die Banken sind natürlich sehr gut in der Lage entsprechende Berechnungen durchzuführen, ob und was sie sich leisten können. Aber wäre es nicht gut, sie könnten sich selbst - bevor sie mit ihrer Bank reden - einen groben Überblick verschaffen, welche Belastungen da auf sich zu kommen und ob sie diese auch stemmen können. Ich habe auch schon Banker kennengelernt, deren Berechnungen schlicht falsch waren. Darum ist eine eigene Abschätzung sicherlich immer empfehlenswert.

Sie wissen ja bereits, dass neben dem Preis für eine Immobilie, noch Nebenkosten entstehen für Grunderwerbssteuer, Grundbucheintrag, Notar und Makler etc. Grob sollten sie deshalb zum Preis der Immobilie nochmals 10 % des Immobilienpreises dazu schlagen. Die Bank geht übrigens davon aus, dass sie diese Nebenkosten ohne Kredit stemmen können, und bietet in der Regel nur die Finanzierung der Immobilie an.

In diesem Kapitel müssen sie ihren Taschenrechner herauskramen oder sich mit einer Taschenrechner-App auf ihrem Handy vertraut machen. Denken Sie an „Punkt vor Strich", wie im vorherigen Kapitel beschrieben.

Die Annuität

In den meisten Fällen bietet ihnen die Bank einen Annuitäten-Kredit an. Annuität kommt von dem lateinischen Wort annus = Jahr, und bedeutet eine gleichbleibende Rückzahlung über einen fest vereinbarten Zeitraum. In diesem Zeitraum bleibt der Zins gleich. Die Zinszahlung innerhalb ihrer Rückzahl-Rate nimmt über die Zeit ab und dafür steigt die entsprechende Kredittilgung über die Zeit.

Denken Sie aber daran, dass Zinsen in der Regel nur für einen bestimmten Zeitraum (z. B. 5, 10, 15 oder 20 Jahre) festgeschrieben werden. Wenn sie ihre Immobilie nach diesem Zeitraum noch nicht abgezahlt haben, so kann eine Änderung der „Zins-Landschaft" erhebliche Belastungen nach sich ziehen, denn ein paar Prozent mehr machen oft ein paar Tausender mehr aus.

Die Formel für die Berechnung der Annuität schaut sehr kompliziert aus. Aber sie können sie recht einfach anwenden. Wie sie sehen haben wir es hier mit Potenzen und Brüchen zu tun. Falls sie das vorige Kapitel zum Thema „Basics" übersprungen haben, wäre jetzt die Möglichkeit da, dies nachzuholen.

Zinssatz = p

Laufzeit = n

Kreditsumme = K

$$\text{Annuität} = K \cdot \frac{(1+p)^n \cdot p}{((1+p)^n - 1)}$$

Die Annuität ist dabei die jährliche Zahlung. Die gleiche Formel gilt natürlich auch für monatliche Zahlungen, dazu müssen sie allerdings die Jahre in Monate umrechnen und den Jahreszins durch 12 teilen, um einen monatlichen Zins zu ermitteln.

Machen wir ein Beispiel:

Kreditsumme K = 500.000 €

Jährlicher Zins = 1,2 % = 0,012

Kredit Laufzeit = 20 Jahre

Umrechnung in Monate:

Laufzeit n = 20 · 12 = 240 Monate

Monats-Zins p = 0,012 ÷ 12 = 0,001 = 0,1 %

Eingesetzt in die Formel ergibt dies dann:

Monatliche Rate =

$$500.000\ \text{€} \cdot \frac{(1 + 0,001)^{240} \cdot 0,001}{((1 + 0,001)^{240} - 1)}$$

Diesen Ausdruck kann man noch etwas vereinfachen, indem man 1 + 0,001 zusammenfasst. Dann wird es auch einfacher mit dem Taschenrechner.

Monatliche Rate =

$$500.000\ \text{€} \cdot \frac{1,001^{240} \cdot 0,001}{(1,001^{240} - 1)} = 2.344,36\ \text{€}$$

Das heißt, bei einer Kreditsumme von 500.000 €, einem jährlichen Zins von 1,2 % und einer Kreditlaufzeit von 20 Jahren haben sie eine monatliche Belastung von 2.344,36 €.

Wie tippen sie dies nun in ihren Taschenrechner ein? Sie brauchen einen Taschenrechner, der Klammern und Potenzen berechnen kann. Die meisten Taschenrechner Apps auf ihrem Smartphone oder Computer können so etwas :-)

Die Tastenreihenfolge ist hier:

500000	x	1,001	x^y
240	x	0,001	÷
(	1,001	x^y	240
-	1	)	=

Und erhalten dann: 2344,36025730368

Die vielen Nachkommastellen können sie einfach ignorieren. Gar nicht so schwer, oder?

Wenn sie das mal überschlagen, dann heißt das, dass sie 240 · 2.344 € = 562.646 € zurückzahlen. Somit zahlen sie - neben den 500.000 € - Zinsen in Höhe von 62.646 € über die Laufzeit. Dies ist aufgrund der derzeit günstigen Zinsen erschwinglich. Würde der Zins nicht bei 1,2 %, wie in dem obigen Beispiel, sondern um 3 % höher liegen (was noch vor ein paar Jahren der Fall war), dann wäre die Situation ganz anders.

Beispiel: Zins 4,2 % pro Jahr, ergibt 0,35 % oder 0,0035 pro Monat.

Monatliche Rate =

$$500.000\ € \cdot \frac{1,0035^{240} \cdot 0,0035}{(1,0035^{240} - 1)} = 3.082,85\ €$$

Damit zahlen sie dann über die Laufzeit 739.845 € zurück, und der Zinsanteil beträgt schlappe 239.845 €. Eine geringe Zinsanpassung um 3 % bewirkt damit, dass ihre Zinszahlungen um satte 177.209 € steigen gegenüber einem Zins von 1,2 %.

Im Jahre 1994 [7] lagen die Hypothekenzinsen bei satten 8,8 %. Ihre monatliche Rate hätte dann 4.434 € betragen und sie hätten mehr als eine halbe Million Euro an Zinsen zurückgezahlt. Daher ein paar Prozent mehr oder weniger hat bei diesen Finanzierungen extrem große Auswirkungen. Gute Zinsen sollte man dann so lange es geht „festschreiben" lassen. Damit kann man unangenehme Situationen in der Zukunft vermeiden.

Übrigens, die gleiche Formel können sie natürlich auch benutzen, wenn sie statt einem Haus ein Motorrad oder eine neue Waschmaschine „auf Pump" kaufen. Der Formel ist das ganz egal, was sie damit finanzieren.

Die Restschuld

Wie bereits erwähnt, bezahlen sie am Anfang einen höheren Zinsanteil. Dieser Zinsanteil nimmt im Lauf der Jahre, aufgrund der reduzierten Schulden, jedoch ab, sodass mehr Raum für die eigentliche Tilgung da ist.

Es immer gut, wenn man die Restschuld nach bestimmten Jahren abschätzen kann. Diese Information ist auch wichtig, wenn sie ihre Immobilie (oder ihr Auto) verkaufen wollen bevor die Finanzierung abgeschlossen ist.

Dazu gibt es natürlich wieder eine Formel. In diesem Falle bleiben wir bei Jahren, aber sie können natürlich das ganze wieder auf Monatsbasis machen, indem sie Laufzeit und Zinsen auf Monate umrechnen (siehe Beispiel bei der Annuität)

Zinssatz = p

Laufzeit = n

Kreditsumme = K

$$\text{Restschuld nach x Jahren} = K \cdot \frac{((1+p)^n - (1+p)^x)}{((1+p)^n - 1)}$$

Machen wir ein Beispiel:

Kreditsumme K = 500.000 €

Zins p = 1,2 % = 0,012

Laufzeit n = 20 Jahre

Sie wollen wissen, wie hoch die Restschuld nach 10 Jahren ist.

Restschuld nach 10 Jahren =

$$500.000 \cdot \frac{((1+0,012)^{20} - (1+0,012)^{10})}{((1+0,012)^{20} - 1)}$$

Diesen Ausdruck kann man noch etwas vereinfachen, indem man 1 + 0,012 zusammenfasst. Dann wird es auch einfacher mit dem Taschenrechner.

Restschuld nach 10 Jahren =

$$500.000 \cdot \frac{(1{,}012^{20} - 1{,}012^{10})}{(1{,}012^{20} - 1)} = 264.893 \ \text{€}$$

Das heißt, nach 10 Jahren haben sie noch 264.893 € Restschulden.

Wie tippen sie dies nun in ihren Taschenrechner ein? Probieren Sie es aus. Die Tastenreihenfolge ist hier:

500000	x	(	1,012
x^y	20	-	1,012
x^y	10	)	÷
(	1,012	x^y	20
-	1	)	=

Und erhalten dann: 264893,058224723

Die vielen Nachkommastellen können sie einfach ignorieren. Gar nicht so schwer, oder?

Die Laufzeit

Nun wollen wir folgende Frage beantworten: Sie wissen wie viel Geld sie brauchen und wie viel sie monatlich oder jährlich zurückzahlen können. Sie möchten nun wissen nach wie vielen Monaten oder Jahren sie ihren Kredit zurückgezahlt haben.

Dazu gibt es wieder eine Formel. Diesmal sogar eine Formel mit einem Logarithmus, aber solange sie Taste am Taschenrechner finden, sollte sie dies nicht beunruhigen. Den Logarithmus haben wir ja kurz im vorigen Kapitel „Basics" diskutiert.

Zinssatz = p

Rate = R

Kreditsumme = K

$$\text{Laufzeit} = -\frac{\ln\left(1 - \frac{p \cdot K}{R}\right)}{\ln(1 + p)}$$

Machen wir ein Beispiel:

Kreditsumme K = 500.000 €

Jährlicher Zins = 1,2 % = 0,012; monatlicher Zins p = 0,012 ÷ 12 = 0,001

Monatliche Rate R = 2344,36 €

$$\text{Laufzeit} = -\frac{\ln\left(1 - \frac{0,001 \cdot 500.000}{2.344,36}\right)}{\ln(1 + 0,001)} = 240$$

Das heißt, sie haben ihren 500.000 € Kredit nach 240 Monaten oder 20 Jahren abbezahlt.

Wie tippen sie dies nun in ihren Taschenrechner ein? Probieren Sie es aus. Die Tastenreihenfolge ist hier:

(	1	-	0,001

x	500000	÷	2344,36
)	ln	÷	(
1	+	0,001	)
ln	1	)	±
=			

Und erhalten dann: 240,000029768915

Die vielen Nachkommastellen können sie einfach ignorieren. Gar nicht so schwer, oder?

Die Sparkassen Formel

Nachdem wir nun berechnen konnten wie lange sie wie viel zurückzahlen, beschäftigen wir uns nun mit dem Gegenteil. Wir berechnen wie viel sie in einem bestimmten Zeitraum ansparen können, weil ihnen dies vielleicht hilft, die benötigte Kreditsumme zu reduzieren. Für diese Berechnung benutzen wir die sogenannte Sparkassenformel.

Zinssatz = p

Sparrate = R

Laufzeit = n

Anfangskapital = A

$$\text{Kapital} = A \cdot (1 + p)^n + R \cdot (1 + p) \cdot \frac{((1 + p)^n - 1)}{p}$$

Machen wir ein Beispiel:

Anfangskapital A = 2.000 €

Monatliche Ansparung R = 200 € jeweils am 1. des Monats

Jährlicher Zins = 2,4 % = 0,024, monatlicher Zins p = 0,024 ÷ 12 = 0,002;

Laufzeit = 10 Jahre; n = 120 Monate

Sie wollen wissen, wie viel sie nach 10 Jahren angespart haben.

Kapital =

$$2.000 \text{ € } \cdot (1 + 0,002)^{120} +$$

$$200 \text{ € } \cdot (1 + 0,002) \cdot \frac{((1 + 0,002)^{120} - 1)}{0,002}$$

Diesen Ausdruck kann man noch etwas vereinfachen, indem man 1 + 0,002 zusammenfasst. Dann wird es auch einfacher mit dem Taschenrechner.

Kapital =

$$2.000 \, € \cdot 1{,}002^{120} + 200 \, € \cdot 1{,}002 \cdot \frac{(1{,}002^{120} - 1)}{0{,}002} =$$

29.690,53 €

Das heißt, nach 10 Jahren haben sie die stolze Summe von 29.690,53 € angespart.

Wie tippen sie dies nun in ihren Taschenrechner ein? Probieren Sie es aus. Die Tastenreihenfolge ist hier:

2000	x	1,002	x^y
120	+	200	x
1,002	x	(	1,002
x^y	120	-	1
)	÷	0,002	=

Und erhalten dann: 29690,5272078427

Die vielen Nachkommastellen können sie einfach ignorieren. Gar nicht so schwer, oder?

Übrigens, diese Formeln waren in die kompliziertesten Formeln in diesem Buch. Wenn sie diese benutzen konnten, dann sollten sie beruhigt weiterlesen.

5. Kombinatorik

Im vorigen Kapitel ging es darum sich Geld zu leihen oder anzusparen. Alles ganz schön mühsam. Wäre es nicht einfacher im Lotto zu gewinnen. Millionen Menschen spielen regelmäßig Lotto und hoffen auf den großen Gewinn. Aber wie viele Möglichkeiten gibt es denn eigentlich 6 Kugeln aus 49 Kugel herauszuziehen?

Bei dieser Fragestellung sind wir in der Kombinatorik angelangt. Willkommen!

Es gibt viele Fragestellungen, wo es darum geht Möglichkeiten abzuschätzen, abzuzählen oder zu berechnen. Damit beschäftigt sich die Kombinatorik. In der Kombinatorik gibt es vier wesentliche Ansätze diese Fragestellung zu adressieren:

- Abzählprinzip

- Permutation

- Variation

- Kombination

Bei dem Abzählprinzip werden die Möglichkeiten einfach abgezählt. Einfach, oder?

Machen wir ein paar Beispiele zum Abzählen:

Ein Würfel hat 6 Seiten, wie viele Möglichkeiten gibt es? Antwort: 6

Eine Woche hat 7 Tage.

Interessanter wird es, wenn Dinge, die einfach abzählbar sind, miteinander kombiniert werden müssen, um eine Bestimmung aller Möglichkeiten zu erhalten.

Da fällt mir die Geschichte von Hans Maier ein. Hans Maier plant für einen neuen großen TV, den er rechtzeitig vor Start der neuen Bundesliga-Saison kaufen möchte. Allerdings ist seine Frau Lisa noch nicht so überzeugt. Nun kommt ein weiteres Problem dazu. Seine Frau Lisa meint, dass sie neue Klamotten braucht, weil sie sonst ständig das gleiche anziehen müsse. Hans ist nun extrem niedergeschlagen und sucht nach Argumenten. Hätte er im Mathe-Unterricht besser aufgepasst, so könnte er diese Krise besser meistern, da er unangreifbare Argumente aufzeigen könnte. Was meine ich damit?

Hans sollte zählen, wie viele verschiedene Hosen, Blusen und Schuhe seine Frau Lisa hat. Ich empfehle dies zu tun, wenn seine Frau mal kurz außer Haus ist. Sonst ist die Gefahr groß, dass dieser Ansatz gleich am Anfang vereitelt wird.

Hans ist echt erstaunt, seine Frau Lisa hat:

- 14 Paar Schuhe

- 15 verschiedene Hosen und

- ganze 23 verschiedene Blusen.

Jetzt muss Hans kombinieren. Zu jedem Paar der 14 Schuhe kann Lisa eine andere Hose anziehen. Daraus folgt, es gibt $14 \cdot 15 = 210$ verschiedene Kombination, wie z. B. die braunen Schuhe mit der gelben Hose, die braunen Schuhe mit der roten Hose, die schwarzen Schuhe mit der gelben Hose, und so weiter. Berücksichtigt er jetzt noch die 23 Blusen, dann kann Lisa diese 210 Hosen-Schuhe Möglichkeiten noch mit diesen 23 Blusen kombinieren, wie zum Beispiel die braunen Schuhe mit der gelben Hose und der roten Bluse, die braunen Schuhe mit der gelben Hose und der lila Bluse und so weiter. Also gibt es dann insgesamt $210 \cdot 23 = 4830$ verschiedene Schuhe-Hosen-Blusen Kombinationen. Wenn sich Lisa jeden Tag unterschiedlich anziehen möchte, dann kann dies Lisa für die nächsten 13 Jahre tun, da 4830 Kombination ÷ 365 Tage gleich 13 Jahre und ein paar Tage sind. Also für die nächsten 13 Jahre sollte dies daher kein Problem sein und Hans hat die perfekte Argumentation, die sein TV Projekt sichert. Perfekt und das alles nur mit etwas simpler Mathematik.

Leider muss ich sagen, dass diese schlüssige Argumentation leider bei mir, aus mir nicht nachvollziehbaren Gründen, nicht klappte. Vielleicht finde ich noch ein paar mathematische Gesetze, die das besser erklären.

Aber irgendwo ist da der Wurm drin. Vielleicht ist Hans mit Lisa hier ja mehr erfolgreich. Hans hatte auch kein Glück und der Haussegen hing erst mal richtig schief. Um das wieder auszumerzen, lud Hans seine Frau in ein sehr gutes Restaurant ein. Gutes Essen bringt das schon wieder hin, dachte er. Leider hatte er sich die Preise der Speisen vorher nicht angesehen.

In dem Restaurant gab es folgende Speisekarte:

Vorspeisen:

Salat mit Shrimps und Pilzen - 16 €

Tomatensuppe ala Toscana - 12 €

Hauptspeisen:

Rinderfilet Steak aus Uruguay - 48 €

Alaska Wildlachs - 39 €

Milchkalbsbraten - 42 €

Nachspeisen:

Französischen Weichkäse mit Feigen - 19 €

Champagner Creme mit frischem Obst - 16 €

Hans blieb die Spucke weg, als er die Preise las. Denn durch so ein Essen rückte sein neuer TV sicher in die zweite Spielzeit der nächsten Bundesliga. Lisa war begeistert und entschied sich für Salat, Rinderfilet und Champagner Creme. Hans konnte sich einfach nicht entscheiden. Lisa sagte nun, „Ich verstehe das schon, dass du da lange brauchst. Es hat ja 2 Vorspeisen, 3 Hauptspeisen und 2 Nachspeisen. Das macht dann $2 \cdot 3 \cdot 2 = 12$ Möglichkeiten. Wenn du Vorspeisen, Hauptgang oder Nachtisch weglässt, kommt nochmals weitere Möglichkeiten hinzu, sodass du $3 \cdot 4 \cdot 3 = 36$ Möglichkeiten hast etwas zu bestellen. Das kann dann schon dauern" Lisa grinste und Hans auch. Dann bestellte er Salat, Lachs und Käse.

Die beliebten Passwörter passen auch hervorragend in diesen Themenkomplex.

Machen wir ein Beispiel, um dieses Thema etwas zu vertiefen.

Ihr Computer Passwort besteht aus 5 Zeichen. Es dürfen nur Großbuchstaben von A bis Z benutzt werden. Wie viele verschiedene Passwörter gibt es?

Von A bis Z gibt es 26 Buchstaben. Daher gibt es:

$26 \cdot 26 \cdot 26 \cdot 26 \cdot 26 = 11.881.376$ Möglichkeiten.

Wie viele mögliche Passwörter gibt es, wenn sie sowohl Groß- wie auch Kleinbuchstaben erlauben? Nun gibt es dann:

$52 \cdot 52 \cdot 52 \cdot 52 \cdot 52 = 380.204.032$ Möglichkeiten.

Interessant, dass sich die Anzahl der Passwort-Möglichkeiten von ungefähr zwölf Million Möglichkeiten auf über 380 Millionen Möglichkeiten erhöht, wenn sie bei einem 5-stelligen Passwort auch Kleinbuchstaben mit einbeziehen.

Nun zum ultimativen Passwort. Wie viel Passwörter Möglichkeiten gibt es für 10-stellige Passwörter, wenn sie Groß-, Kleinbuchstaben und Zahlen erlauben? 26 Kleinbuchstaben und 26 Großbuchstaben und 10 Ziffern ergibt 62 Zeichen. Ihr Passwort hat 10 Zeichen. Daher gibt es:

$62 \cdot 62 \cdot 62 \cdot 62 \cdot 62 \cdot 62 \cdot 62 \cdot 62 \cdot 62 \cdot 62 = 62^{10}$ Möglichkeiten.

Ich erspare mir die Zahl hinzuschreiben. Also benutzen sie lange Passwörter aus vielen Zeichen, wenn sie wirklich sicher sein wollen. Übrigens, wenn jemand professionell Passwörter knackt, dann sitzt da kein Mensch vor dem Computer, der eines nach dem anderen ausprobiert. Dies macht dann auch ein Computer, und dieser kann hunderttausende Passwörter in kurzer Zeit ausprobieren.

Machen wir weiter und reden über Permutation, Variation und Kombination und sehen welche interessanten Probleme des Lebens wir damit lösen können. Nur eine kleine Nebenbemerkung. Wenn sie darüber im

Internet suchen, dann werden sie Permutation, Variation und Kombination meist mit zwei Unterarten finden. Einmal „ohne Wiederholungen" und einmal „mit Wiederholungen". In diesem Buch behandeln wir nur die „ohne Wiederholungen" Thematik. Wenn sie tiefer einsteigen möchten und auch die „mit Wiederholungen" Fälle verstehen wollen, dann finden sie im Internet genügend Informationen dazu.

Permutation

Unter einer Permutation versteht man eine Anordnung von Objekten in einer bestimmten Reihenfolge. Permutation kommt von dem lateinischen Wort „permutare", was „vertauschen" bedeutet.

Machen wir ein paar Beispiele:

Sie haben 5 Buntstifte mit den Farben Rot (R), Blau (B), Grün (G), Orange (O) und Schwarz (S). Auf wie viele Arten können sie diese Buntstifte nebeneinanderlegen?

Zum Beispiel: R B G O S oder R G O B S oder R S O B G usw.

Für den ersten Buntstift haben sie 5 Möglichkeiten, für den zweiten Buntstift bleiben dann noch 4 Möglichkeiten, sodass sie insgesamt $5 \cdot 4 = 20$ Möglichkeiten haben, für den dritten Buntstift bleiben 3 Möglichkeiten und die Gesamtmöglichkeiten erhöhen sich auf $5 \cdot 4 \cdot 3 = 60$. Für den vierten Stift bleiben dann noch 2 Möglichkeiten, und die Gesamtmöglichkeiten erhöhen sich auf $5 \cdot 4 \cdot 3 \cdot 2 = 120$. Für den letzten Stift bleibt dann noch eine Möglichkeit und die Gesamtmöglichkeiten erhöhen sich nicht mehr.

Das heißt, bei 5 unterschiedlichen Gegenständen oder Dingen haben sie:

$5 \cdot 4 \cdot 3 \cdot 2 \cdot 1 = 120$ Möglichkeiten,

diese nebeneinanderzulegen.

Analog wäre das mit 7 unterschiedlichen Gegenständen. Dann gibt es entsprechend:

$7 \cdot 6 \cdot 5 \cdot 4 \cdot 3 \cdot 2 \cdot 1 = 5040$ Möglichkeiten.

Die Möglichkeiten steigen mit der Anzahl der Dinge ziemlich schnell.

Mathematiker sind faule Leute und wollen wenig schreiben, daher schreiben sie anstelle von

$7 \cdot 6 \cdot 5 \cdot 4 \cdot 3 \cdot 2 \cdot 1$ einfach 7! und nennen dies 7 Fakultät. Die „!" Taste befindet sich auch auf vielen Taschenrechnern.

Wenn Sie eine Fußball-Mannschaft mit 11 Spielern haben und wissen wollen auf wie viele Arten sich diese in einer Reihe aufstellen können dann tippen sie am Taschenrechner:

11	!		

Und erhalten dann: 39916800

Hätten sie gedacht, dass es fast 40 Millionen Möglichkeiten gibt, wie sich eine Fußballmannschaft in einer Reihe aufstellen kann?

Noch kurz zu einem Sonderfall. In den obigen Beispielen konnte man die Dinge, die man anordnen sollte, immer unterscheiden. Ein roter Stift und ein blauer Stift sind eben unterschiedlich, und auch in einer Fußball-Mannschaft gibt es keine zwei Thomas Müller. Manchmal haben sie aber die Problemstellung, dass manche Dinge öfters vorkommen, und dann müssen sie dies wieder korrigieren, da sie ja sonst die gleiche Möglichkeit öfter erfasst haben. Machen wir, wie üblich, ein kleines Beispiel, um dies zu verdeutlichen.

Sie habe 5 Bauklötze mit unterschiedlichen Farben Rot, Blau, Grün, Orange, und Schwarz. Auf wie viele verschiedene Arten können sie einen Turm bauen. Die Antwort ist ganz einfach, wie oben beschrieben, 5! oder $1 \cdot 2 \cdot 3 \cdot 4 \cdot 5 = 120$.

Jetzt haben sie aber 3 rote Bauklötze, 1 blauen und einen grünen Klotz. Also insgesamt wieder 5 Klötze, aber die Anzahl der möglichen Türme ist jetzt kleiner, da sie die roten Klötze nicht unterscheiden können. Daher müssen sie erst die allgemeinen Möglichkeiten ausrechnen, also 5! oder 120. Und dieses Ergebnis müssen sie durch die möglichen Anordnungen der roten Klötze teilen. 3 rote Klötze können sie auf $3! = 1 \cdot 2 \cdot 3 = 6$ Arten anordnen. Wenn sie 120 durch 6 teilen, kommen sie auf 20. Das heißt, bei 3 roten, 1 blauen und 1 grünen Klotz gibt es anstelle der 120 nur noch 20 Möglichkeiten. Logisch, oder?

Variation

Unter einer Variation versteht man eine Auswahl von Objekten in einer bestimmten Reihenfolge. Variation kommt von dem lateinischen Wort „variatio", was „Veränderung" bedeutet.

Machen wir ein paar Beispiele:

In ihrem Kleiderschrank haben sie 5 verschieden farbige T-Shirts (Blau - Rot - Grün - Weiß - Orange). Sie ziehen nun wahllos 3 T-Shirts heraus. Wie viele Möglichkeiten gibt es nun 3 T-Shirts aus dem Schrank zu nehmen?

Beim ersten T-Shirt haben sie 5 Möglichkeiten, beim zweiten T-Shirt haben sie noch 4 Möglichkeiten im Schrank, und beim dritten T-Shirt bleiben noch 3 Möglichkeiten. Daher gibt es insgesamt:

$5 \cdot 4 \cdot 3 = 60$ Möglichkeiten.

In einer Schulklasse gibt es 20 Schüler. Sie wollen nun 2 Schüler auswählen für spezielle Angaben. Der erste Ausgewählte muss nächste Woche die Tafel reinigen und der zweite Ausgewählte ist für das Leeren der Abfalleimer verantwortlich. Wie viele Möglichkeiten gibt es dies 2 Schüler auszuwählen?

Für den ersten Schüler gibt es 20 Möglichkeiten, für den zweiten Schüler gibt es 19 Möglichkeiten, daher gibt es:

$20 \cdot 19 = 380$ Möglichkeiten

zwei Schüler aus einer Klasse mit 20 Schülern auszuwählen.

Kombination

Unter einer Kombination versteht man eine Auswahl von Dingen, bei der die Reihenfolge der Dinge unberücksichtigt bleibt. Das Wort Kombination kommt auch aus dem lateinischen von „combinatio", was so viel wie „Zusammenfassung" heißt.

Machen wir wieder unsere Beispiele:

Sie haben 10 Paare Schuhe im Schrank und wollen 3 Paar Schuhe mit in ihren nächsten Urlaub nehmen. Wie viele Möglichkeiten haben sie?

Für das erste Paar haben sie 10 Möglichkeiten, für das zweite Paar gibt es dann 9 Möglichkeiten, und für das dritte Paar 8 Möglichkeiten. Also insgesamt:

$10 \cdot 9 \cdot 8 = 720$ Möglichkeiten.

Da die Reihenfolge der Schuhe hier keine Rolle spielt, müssen sie die „bereits vorhandenen" Möglichkeiten entfernen. Da wir 3 Paar Schuhe haben, können diese auf $3 \cdot 2 \cdot 1 = 6$ Arten angeordnet werden (siehe Sektion zu Permutation). Daher haben wir nur 1/ 6 der 720 = 120 Möglichkeiten 3 Paar Schuhe aus den 10 Paar auszuwählen. Die Reihenfolge spielt dabei keine Rolle, da diese ja alle im Koffer landen.

Alles nochmal zusammen kombiniert

Hier noch einmal eine Zusammenfassung und Unterscheidung. Denken Sie einfach noch einmal darüber nach, wann sie abzählen, permutieren, variieren oder kombinieren. Am besten schlafen sie eine Nacht darüber.

In der Tabelle sind auch die entsprechenden Formeln angegeben, mit denen sie sofort die Möglichkeiten berechnen können, falls sie sich die Herleitung ersparen wollen. Aber sie können diese Formeln einfach in den Taschenrechner eintippen und haben dann ihr Ergebnis. Auf die Herleitung der Formeln verzichte ich jedoch. Wenn sie sich die behandelten Beispiele ansehen, dann verstehen sie aber wahrscheinlich die Formeln. Aber wenn nicht, so ist dies auch nicht schlimm.

Abzählen und Multiplizieren	Wir wollen Dinge abzählen oder abzählbare Dinge mit einander kombinieren.
	Ein Ding hat n Ausprägungen
	Formel: Dann gibt es n Möglichkeiten.
	Beispiel und Lösung: Ein Würfel hat sechs Seiten.
	Wir wollen mehrere abzählbare Dinge n und m kombinieren.
	Formel: $n \cdot m$
	Beispiel: Ein Auto gibt es in 3 Farben (n) und mit 2 verschiedenen Motoren (m)
	Lösung: $3 \cdot 2 = 6$ Möglichkeiten für ein Auto
	Für ein Ding gibt es n Möglichkeiten. Sie haben k dieser gleichen Dinge.
	Formel: n^k
	Ein Fahrradschloss hat 4 Ringe (k) mit jeweils 6 Zahlen (n). Wie viele Nummernkombinationen gibt es:
	Lösung: $6^4 = 1296$

Permutation	Wir wollen unterscheidbare Dinge anordnen. Formel: Sie haben n unterschiedliche Dinge. Dann gibt es n! Möglichkeiten Beispiel: Auf wie viele Arten können sich die 11 Spieler einer Fußball-Mannschaft in einer Reihe aufstellen? Lösung: n=11 11! = 39.916.800 Möglichkeiten
Variation	Wir wollen eine gewisse Anzahl von Dingen aus einer größeren Menge auswählen. Die Reihenfolge spielt dabei eine Rolle. Formel: Sie haben n Dinge, sie wollen k Dinge auswählen. Dann gibt es: $$\frac{n!}{(n-k)!}$$ Möglichkeiten Beispiel: Sie wollen aus einer Speisekarte mit 10 Gerichten 3 Gerichte bestellen, wobei sie jedes Gericht nur einmal bestellen können. Lösung: n=10; k=3 $$\frac{10!}{(10-3)!} = \frac{10!}{7!} = 720$$ Möglichkeiten
Kombination	Wir wollen eine gewisse Anzahl von Dingen aus einer größeren Menge auswählen. Die Reihenfolge spielt dabei keine Rolle. Formel: Sie haben n Dinge, sie wollen k Dinge auswählen. Dann gibt es $$\frac{n!}{((n-k)! \cdot k!)}$$ Möglichkeiten

Beispiel: Lotto Ziehung. Wie viele Möglichkeiten gibt es 6 Kugeln aus 49 Kugeln auszuwählen.

Lösung: n=49, k=6

$$\frac{49!}{((49-6)! \cdot 6!)} = \frac{49!}{(43! \cdot 6!)} = 13.983.816$$

Möglichkeiten

Sie müssen sich bei dieser Thematik immer fragen:

Geht es um Dinge, die ich abzählen kann oder abzählbare Dinge, die miteinander kombiniert werden.

Geht es um alle Dinge in einer Menge. Dann haben sie eine Permutation.

Geht es um einen Teil von Dingen in dieser Menge, dann haben sie eine Variation oder Kombination.

Ist die Reihenfolge von Interesse, dann geht es um eine Variation, ansonsten um eine Kombination.

Wenn sie dies beherzigen, sind sie in der Lage viele Möglichkeiten zu berechnen.

Ein letztes Beispiel zu dem Thema, bevor ihr Kopf zu anfängt zu überhitzen.

Sie und ihr Freund Eddy machen einen Ersten Hilfe Kurs. In dem Kurs gibt es insgesamt mit ihnen und Eddy 8 Teilnehmer. Der Kursteilnehmer lost 2 Teilnehmer aus, die an nächsten Tag im Rettungswagen mitfahren dürfen.

Wie viele Möglichkeiten gibt es 2 Teilnehmer auszuwählen?

Erste Überlegung: Es handelt sich um eine Auswahl, also geht es um Variation oder Kombination.

Zweite Überlegung: Die Reihenfolge spielt keine Rolle, da ja beide Teilnehmer im Rettungswagen mitfahren dürfen. Also geht es um eine Kombination.

Benutzen wir einfach die zugehörige Formel in der Tabelle:

$$\frac{n!}{((n - k)! \cdot k!)}$$

Die Anzahl der Teilnehmer n = 8, die Auswahl k =2. Einfach in die Formel einsetzen:

$$\frac{8!}{(6! \cdot 2!)}$$

Dann im Taschenrechner eintippen:

8	x!	÷	(
6	x!	x	2
x!	)	=	

Und erhalten dann: 28

Das heißt, es gibt 28 Möglichkeiten.

Wie groß ist nun die Wahrscheinlichkeit, dass Sie und Eddy ausgewählt werden. Die Wahrscheinlichkeit ist 1:28 = 0,0357 = 3,57 %. Also leider nicht sehr hoch, aber damit wären wir beim nächsten Thema, der Wahrscheinlichkeit.

6. Die Wahrscheinlichkeit

Prozente und die Anzahl von Möglichkeiten werden oft in Verbindung mit Wahrscheinlichkeiten verwendet. Damit treffen dann Bereiche aufeinander, die häufig zu Missverständnissen oder Aha-Erlebnissen führen. Haben Sie schon mal den Satz gehört „Dies ist wahrscheinlich unwahrscheinlich". Was ist es nun jetzt?

Daher erst noch mal kurz erklären, was Wahrscheinlichkeit im engeren mathematischen Sinne denn bedeutet. Die Wahrscheinlichkeit eines Ereignisses ist das Verhältnis der günstigen Ergebnisse zur Gesamtmenge aller möglichen Ergebnisse. Logisch, oder? Klingt irgendwie nach Grundwert und Prozentwert oder Brüchen.

$$\text{Wahrscheinlichkeit} = \frac{\text{Günstige Ergebnisse}}{\text{Mögliche Ergebnisse}}$$

Betrachten wir diesen Sachverhalt nun etwas näher an dem klassischen Beispiel eines Würfels. Also ein Würfel hat sechs Seiten und daher gibt es sechs mögliche Ergebnisse, nämlich „Eins", „Zwei", „Drei", „Vier", „Fünf" oder „Sechs".

Wenn sie jetzt die Wahrscheinlichkeit interessiert eine „Sechs" zu würfeln, dann kommen sie zu der Wahrscheinlichkeit von 1/6 also ungefähr 16,7 %.

Falls sie nun wissen wollen, wie hoch die Wahrscheinlichkeit ist mit zwei Würfeln zwei „Sechser" zu würfeln, so müssen sie wieder die Gesamtmenge aller möglichen Wurfergebnisse betrachten. Bei zwei Würfeln gibt es insgesamt 36 verschiedene Wurfergebnisse, nämlich „Eins-Eins", „Eins-Zwei", „Eins-Drei", usw. bis hin zu „Sechs-Fünf" und „Sechs-Sechs". Da es nur eine Möglichkeit für ein „Sechs-Sechs" gibt, ist die Wahrscheinlichkeit 1/36 also ungefähr 2,8 %. Das heißt, wenn sie sehr sehr oft mit zwei Würfel würfeln, wird sich die Anzahl der Würfe mit zwei „Sechser" immer näher an ungefähr 2,8 % aller Würfe einpendeln.

Wenn Ereignisse unabhängig voneinander sind, das heißt die Ereignisse beeinflussen sich nicht gegenseitig, dann kann man eine „kombinierte"

Wahrscheinlichkeit berechnen, indem man die Einzel-Ereignis-Wahrscheinlichkeiten miteinander multipliziert.

Wahrscheinlichkeit =

$$\frac{\text{Günstige Ergebnisse Ereignis A}}{\text{Mögliche Ergebnisse Ereignis A}} \cdot \frac{\text{Günstige Ergebnisse Ereignis B}}{\text{Mögliche Ergebnisse Ereignis B}}$$

Sie müssen sich aber sicher sein, dass Ereignis A und Ereignis B wirklich unabhängig sind, da wir ansonsten mit bedingten Wahrscheinlichkeiten zu tun haben (siehe das Kapitel zu den „2 Söhnen").

Dazu zwei Beispiele:

Sie werfen dreimal eine Münze und wollen wissen wie die Wahrscheinlichkeit ist beim ersten Wurf „Kopf", beim zweiten Wurf „Adler" und beim dritten Wurf wieder „Kopf" zu erhalten. Die Wahrscheinlichkeit für erster Wurf „Kopf" ist 50 %, die Wahrscheinlichkeit für den zweiten Wurf „Adler" ist auch 50 %, und die Wahrscheinlichkeit „Kopf" beim dritten Wurf ist auch 50 %. Die Gesamtwahrscheinlichkeit für „Kopf - Adler -Kopf" ist daher:

50 % · 50 % · 50 % = 0,5 · 0,5 · 0,5 = 0,125 = 12,5 %.

Die Wahrscheinlichkeit, dass sie morgen von einem Verwandten besucht werden ist 10 %. Die Wahrscheinlichkeit, dass sie morgen Post bekommen ist 30 %. Daher ist die Wahrscheinlichkeit, dass sie sowohl morgen von einem Verwandten besucht werden und dass sie auch morgen Post erhalten:

10 % · 30 % = 0,1 · 0,3 = 0,03 oder 3 %.

Sie können daraus auch folgern, dass sie morgen mit einer 97 % Wahrscheinlichkeit nicht gleichzeitig Post bekommen und einen Verwandten vor der Tür stehen haben.

Wahrscheinlichkeiten können addiert werden, wenn sie die Wahrscheinlichkeit von mehreren günstigen Ereignissen innerhalb der gleichen Möglichkeit interessiert.

Wahrscheinlichkeit =

$$\frac{\text{Günstige Ergebnisse Ereignis A}}{\text{Mögliche Ergebnisse}} + \frac{\text{Günstige Ergebnisse Ereignis B}}{\text{Mögliche Ergebnisse}}$$

Dazu ein Beispiel:

Wie groß ist die Wahrscheinlichkeit mit einem Würfel entweder eine „3" oder eine „4" zu würfeln. Die Wahrscheinlichkeit für eine „3" ist 1/6, genauso wie die Wahrscheinlichkeit für eine „4". Daher ist die Wahrscheinlichkeit für eine „3" oder eine „4":

1/6 + 1/6 = 2/6 = 1/3 = ca. 33 %.

Eine Wahrscheinlichkeit hat immer einen Wert zwischen 0 oder 0 % und 1 oder 100 %. Dabei bedeutet natürlich, dass bei 0 % etwas nie eintritt und bei 100 %, dass dies immer eintritt. Wenn sie in ihren Berechnungen auf eine Wahrscheinlichkeit kommen, die größer als 100 % ist, dann können sie 100 % sicher sein, dass sie sich verrechnet haben.

Wenn man die Wahrscheinlichkeit für ein Ereignis kennt, dann kann man sehr leicht auf die Wahrscheinlichkeit für das nicht Eintreten dieses Ereignisses schließen:

Wahrscheinlichkeit von Ereignis "tritt ein" =

100 % − Wahrscheinlichkeit von Ereignis "tritt nicht ein"

Dazu zwei Beispiele:

Wie groß ist die Wahrscheinlichkeit beim Würfel keine „3" und keine „4" zu würfeln. Die Wahrscheinlichkeit für eine „3" oder eine „4" ist:

1/6 + 1/6 = 2/6 = 1/3 = ca. 33 %.

Daher ist die Wahrscheinlichkeit keine „3" und keine „4" zu würfeln einfach 100 % - 33 % = 67 %.

Die Wahrscheinlichkeit, dass es morgen regnet ist 30 %. Wie hoch ist die Wahrscheinlichkeit, dass es morgen nicht regnet? 100 % - 30 % = 70 %.

Der 6er im Lotto

Viele träumen wöchentlich von ihrem „6er" im Lotto, doch dieser Traum erfüllt sich immer nur für wenige. Darum wollen wir uns mal damit beschäftigen wie hoch die Wahrscheinlichkeit für einen „6er" ist.

Dazu müssen wir berechnen, wie die Wahrscheinlichkeit ist 6 bestimmte Kugeln aus 49 Kugel zu ziehen.

Wie können nun die Abkürzung machen und die entsprechende kombinatorische Formel anwenden. Also es geht um einen Teil einer Menge, nämlich um 6 Kugeln aus 49 Kugeln. Die Reihenfolge spielt keine Rolle, da es ja egal ist, ob die „2" als erste oder als dritte Kugel gezogen wird. Also geht es um eine Kombination.

Daher gilt die Formel:

$$\frac{n!}{((n-k)! \cdot k!)}$$

wobei n=49 ist und k=6. Die Berechnung ergibt dann:

$$\frac{49!}{((49-6)! \cdot 6!)} = \frac{49!}{(43! \cdot 6!)} = 13.983.816$$

Möglichkeiten.

Da es nur einen 6er gibt, ist die Wahrscheinlichkeit:

$1 \div 13.983.816 = 0,0000000715... = 0,00000715\ \%$.

Alles klar?

Hier die Variante ohne Formel und etwas mehr Überlegung:

Betrachten wir die Ziehung der ersten Kugel. Es sind 49 Kugel in der Trommel und sie haben 6 Zahlen auf ihren Tippschein getippt. Die Gesamtmenge der Kugeln in der Trommel ist 49 und es gibt 6 günstige Ereignisse, nämlich die Zahlen, die sie auf ihrem Tippschein eingetragen haben. Daher ist die Wahrscheinlichkeit, dass die erste Kugel ein Treffer ist (also mit einer der 6 getippten übereinstimmt) gleich 6/49 also ca. 12 %.

Für die zweite Ziehung sind nun nur noch 48 Kugeln in der Trommel und sie haben noch 5 Kästchen auf ihrem Tippschein. Die Wahrscheinlichkeit, dass die zweite Kugel mit einer der 5 restlichen Zahlen übereinstimmt ist daher 5/48 also ca. 10 %.

Bei der 3. Ziehung erhalten wir dann analog 4/47, bei der vierten 3/46, bei der fünften erhalten wir 2/46 und bei der sechsten und letzten Ziehung erhalten wir eine Wahrscheinlichkeit von 1/45, da nur noch 45 Kugeln in der Trommel sind und sie nur noch ein freies Tippfeld haben.

Da wir ja all die 6 Zahlen für einen 6er brauchen, müssen all diese Wahrscheinlichkeiten eintreten und miteinander kombiniert werden. Wir müssen die einzelnen Wahrscheinlichkeiten daher miteinander multiplizieren.

Die Wahrscheinlichkeit alle 6 richtigen Zahlen zu haben ist daher:

$$\frac{6}{49} \cdot \frac{5}{48} \cdot \frac{4}{47} \cdot \frac{3}{46} \cdot \frac{2}{45} \cdot \frac{1}{44} =$$

0,0000000715… = 0,00000715 %

Dies entspricht ungefähr einer Gewinnchance von 1:14.000.000, sprich 1 zu Vierzehnmillionen.

Wenn man jetzt noch die Superzahl (eine zufällige Zahl zwischen 0 und 9) hinzuzieht, dann kommen noch mal 10 Möglichkeiten dazu, sodass die Chance für 6er mit Zusatzzahl bei ungefähr 1:140.000.000, sprich 1 zu Hundertvierzigmillionen liegt.

Nehmen wir nun an, sie haben mit 18 Jahren angefangen jeweils Mittwoch und Samstag Lotto zu spielen und tippen jeweils ein Kästchen für 1 €. Ein Jahr hat 52 Wochen und daher haben sie pro Jahr 104-mal getippt. Nun nehmen wir mal an, dass sie ein wirklich gesundes Leben vor sich haben und 98 Jahre alt werden. Dann werden sie 80 Jahre lang Lotto spielen mit insgesamt 80 · 104 = 8320 Spielen, was einem Einsatz von 8320 € entspricht.

Ihre Chance auf einen Sechser mit Superzahl beträgt daher 8320:140.000.000, was einer Wahrscheinlichkeit von ca. 0,0006 % entspricht.

Jetzt können wir noch mal überschlagen wie viele Kästchen sie pro Woche tippen müssten, in ihrem langen Leben, um eine Gewinnchance auf einen „6er" mit Superzahl von 50 % zu haben. Die Rechnung ist recht einfach. Sie müssten in ihren 80 Jahren 70.000.000-mal tippen, das heißt dann 875.000-mal pro Jahr und ca. 16.827-mal pro Woche. Nachdem sie ja Mittwoch und Samstag tippen, müssten sie dann lediglich 8.413-mal pro Tipp-Tag tippen. Das würde natürlich bedeuten, dass sie jeden Tipp-Tag 8.413 € in Lotto investieren und dann dadurch eine 50 % Chance erhalten in ihrem langen Leben einmal einen „6er" mit Superzahl zu tippen. Ufff….

Die klingt wenig Erfolg versprechend, aber trotzdem gewinnen Leute regelmäßig.

Heute wird es regnen und morgen gibt es Chaos

Mittlerweile haben die meisten Menschen ein Smartphone und eine Wetter-App ist dann dort meistens auch darauf. Manchmal erwischt man sich, dass man eher auf sein Smartphone schaut wie zum Himmel, wenn es darum geht, ob es gerade bewölkt ist oder nicht. Diese Wetter-Apps sind natürlich sehr nützlich und zeigen eine ganze Menge an Wetterdaten an. Eine dieser Kenngrößen ist die Regen- oder Niederschlagswahrscheinlichkeit.

Also morgen wird es - laut App - 24° und die Regenwahrscheinlichkeit ist 30 %. Bedeutet dies nun, dass es wahrscheinlich 30 % des morgigen Tages, also $0,3 \cdot 24$ Stunden = 7 Stunden und 12 Minuten regnen wird? Viele Wetter-App Benutzer haben sicher schon erlebt, dass es bei 30 % Regenwahrscheinlichkeit überhaupt nicht geregnet hat. Also was bedeutet dies nun?

Auch hier sollte man sich erst mal überlegen, auf welchen Grundwert sich diese Prozentangabe bezieht. Denn auch der Prozentsatz bei Regenwahrscheinlichkeiten ist einfach das Ergebnis, dass man erhält, wenn man den Prozentwert durch den Grundwert teilt.

Wettervorhersagen beruhen auf Modellen und historischen Daten. Aus diesen Modellen wird versucht eine Vorhersage herzuleiten, mit welcher Wahrscheinlichkeit es mindestens einmal am Tag regnen wird. In diese Modelle fließen viele Messungen ein, wie Temperatur, Luftdruck, Windgeschwindigkeiten, und was die Meteorologen sonst noch als wichtige Kenngröße haben. All diese Daten werden regelmäßig gesammelt und gespeichert. Doch, nun zurück zu unserem Grundwert. Wo steckt er nun?

Als Grundwert nimmt man die Anzahl der Tage, die aufgrund von ihren Messungen an einem bestimmten Ort sehr ähnlich waren wie die derzeitigen Messungen von heute oder gestern. Als Prozentwert nimmt man dann die Tage, an denen es in der Vergangenheit am nächsten Tag zumindest einmal geregnet hat. Teilt man diese beiden Tage durcheinander, bekommt man die erwartete Regenwahrscheinlichkeit. Verstanden?

Also angenommen man findet in den historischen Wetterdaten für einen Ort 600 Tage, an denen das Wetter sehr ähnlich war, wie es gestern auch war. Dann hat es bei diesen 600 Tagen, 180 Tage gegeben, an denen es zumindest einmal am nächsten Tag geregnet hat. Teilt man 180 durch 600, erhält man 0,3 oder 30 %. An 70 % der Tage, sprich an 420 Tagen, hat es in der Vergangenheit nicht am nächsten Tag geregnet. Man versucht also die Erfahrung der Vergangenheit zu nutzen, um damit eine Aussage für die Zukunft zu machen. Wie lange es regnen wird, kann man daraus allerdings nicht ableiten. Das heißt, selbst eine hohe Regenwahrscheinlichkeit vom 90 % kann theoretisch bedeuten, dass es am nächsten Tag nur 15min regnen wird und ansonsten die Sonne scheint. Und man darf nicht vergessen, dass 90 % Regenwahrscheinlichkeit auch heißt, dass es an 10 % der vergangenen Tage mit ähnlichem Wetter nicht geregnet hat.

Ich weiß nicht, ob sie das schon einmal so empfunden haben, aber ich finde, dass Meteorologen öfters mal ziemlich daneben liegen mit ihren Wettervorhersagen. Falls sie manchmal auch diesen Eindruck haben, dann möchte ich nun unsere Meteorologen etwas in Schutz nehmen.

Und damit machen wir einen kleinen Ausflug in die Chaostheorie. In der Mathematik gibt es viele Fachgebiete, wie Algebra, Geometrie, Arithmetik etc., die ihren Ursprung im alten Griechenland haben. Es gibt aber auch einige jüngere Gebiete der Mathematik, die erst im 19. oder 20. Jahrhundert erkundet wurden. Eines dieser Gebiete ist die Chaostheorie oder Chaosforschung.

In der Chaostheorie geht es allerdings nicht um das Chaos, dass sie in ihrer Garage haben oder in den Zimmern, ihrer pubertierenden Kinder vorfinden. In dieser Theorie geht es um dynamische Systeme, die zwar mit mathematischen Gleichungen beschrieben werden können, allerdings durch eine geringfügige Änderung der Eingabedaten zu komplett unerwarteten Ergebnissen führen. Im alltäglichen Leben haben wir oft die Erwartungshaltung, dass minimale Veränderungen das Gesamtergebnis minimal verändern. Geben wir ein klein wenig mehr Chili-Pulver in den Eintopf, dann wird der Eintopf auch ein klein wenig schärfer. Bei chaotischen Systemen ist dies allerdings nicht gegeben, und selbst wenn sich ein Zahlenwert nur minimal hinter dem Komma ändert, dann kann es zu großen Änderungen der Ergebnisse führen. Es geht allerdings nicht darum, dass gleiche Bedingungen und gleiche Daten zu unterschiedlichen Ergebnissen führen. Sondern es geht um minimale Änderungen. Die Systeme sind sehr wohl exakt beschreibbar, aber minimale Änderungen bringen oft komplett veränderte Ergebnisse mit sich.

Während das Wetter in der Sahara in der Regel sehr stabil voraussagbar ist, verhält sich das Wetter in anderen Geografien oft chaotisch. Was letztlich heißt, dass eine minimale Veränderung an Luftdruck, Windgeschwindigkeit oder Temperatur in Italien zu einer komplett anderen Wettersituation in Bayern führen kann. Manche Wirtschaftskreisläufe oder auch Staus auf der Autobahn haben chaotische Eigenschaften. Daher kann eine minimale Geschwindigkeitsänderung eines einzelnen Fahrzeugs auf der Autobahn zu einer komplett anderen Verkehrssituation oder Stausituation führen. Hat man so ein System vorliegen, dann ist es extrem schwierig genaue Vorhersagen zu treffen. Und wie gesagt, manchmal erfüllt unser Wetter leider die Voraussetzungen für chaotische Systeme.

Einer der Väter der Chaostheorie war Edward Lorenz, der sowohl Mathematiker und auch Meteorologe war. Lorenz war von 1962 bis 1987 Professor für Meteorologie am berühmten Massachusetts Institute of Technology [8].

Lorenz hat sich ausgiebig mit der mathematischen Beschreibung von Wetter beschäftigt. Er beobachtete, dass kleinste Veränderungen in seinen Anfangsdaten für ein Wettermodell, das er auf einem Computer simulierte, stark abweichende Ergebnisse der Wetterprognosen nach sich zogen. Lorenz prägte auch den Begriff „Butterfly Effect" oder zu Deutsch „Schmetterlingseffekt". Er stellte die Frage „Kann der Flügelschlag eines Schmetterlings in Brasilien einen Tornado in Texas auslösen?". Mit dieser Fragestellung wollte er ausdrücken, dass ein simpler einfacher Schmetterlingschlag in Südamerika zu heftigen Auswirkungen ganz woanders führen kann, wenn ein chaotisches System vorliegt. Vielleicht haben sie den Begriff „Schmetterlingseffekt" schon mal gehört. Jetzt wissen sie zumindest was dem zugrunde liegt. Mir fällt dazu immer meine Tante Erna ein, da eine minimale Änderung der Wortwahl in einer Unterhaltung mit ihr, zu einer komplett anderen Reaktion ihrerseits führte. Voraussagen, wie Tante Erna reagieren würde, waren daher fast unmöglich.

Die Forschung von Lorenz wurde mittlerweile in andere Bereiche übertragen. Wie schon erwähnt gibt es auch Wirtschaftskreisläufe, bei denen ein ähnliches Verhalten beobachtet werden kann. Daher ist es auch so schwierig Aktienkurse vorherzusagen, da durch ein schlechtes Frühstück eines Börsenmaklers durchaus eine Turbulenz im Aktienmarkt entstehen kann.

Merken sollten sie sich, dass bei chaotischen Systemen kleinste Veränderungen zu großen Auswirkungen führen können. Und Wetter ist so ein chaotisches System. Damit genug zum Thema Chaos.

Ich halte es daher lieber mit Karl Valentin, der einmal sagte „Ich freue mich, wenn es regnet, weil wenn ich mich nicht freue, dann regnet es doch".

Zwei Söhne

Bisher hatten wir es mit einfachen und unabhängigen Wahrscheinlichkeiten zu tun. Im wirklichen Leben hängen aber Dinge oft voneinander ab. Dann reden wir von bedingten Wahrscheinlichkeiten, d.h. die Wahrscheinlichkeit von etwas unter der Bedingung von etwas anderem. Dazu eine kleine Geschichte, deren Ergebnis mich kräftig überrascht hat.

Es ist Samstag morgen und sie machen sich auf zum Markt, um dort frisches Gemüse und Obst zu kaufen. Kurz nach Verlassen des Hauses treffen sie Frau Müller, die sie schon seit vielen Jahren nicht mehr gesehen haben.

Nun stellen sie sich folgende Szenarien vor:

1) Frau Müller erwähnt in dem Gespräch, dass sie mittlerweile zwei Kinder hat.

Sie fragen sich nun wie groß die Wahrscheinlichkeit ist, dass Frau Müller zwei Söhne hat.

2) Frau Müller erwähnt in dem Gespräch, dass sie mittlerweile zwei Kinder hat. Sie erwähnt auch, dass eines ihrer Kinder ein Sohn ist.

Sie fragen sich nun wie groß die Wahrscheinlichkeit ist, dass Frau Müller zwei Söhne hat.

3) Frau Müller erwähnt in dem Gespräch, dass sie mittlerweile zwei Kinder hat. Sie erwähnt auch, dass eines ihrer Kinder ein Sohn ist, der an einem Dienstag geboren wurde.

Sie fragen sich nun wie groß die Wahrscheinlichkeit ist, dass Frau Müller zwei Söhne hat.

Für die nachfolgenden Betrachtungen nehmen wir an, dass die Wahrscheinlichkeit für einen Sohn oder eine Tochter gleich groß sind.

Szenario 1:

Frau Müller hat 2 Kinder. Also gibt es vier mögliche Ergebnisse, nämlich:

- Mädchen und Mädchen

- Mädchen und Junge

- Junge und Mädchen

- Junge und Junge.

Nur ein Ergebnis zeigt „Junge und Junge". Daher ist die Wahrscheinlichkeit, dass Frau Müller zwei Jungen hat 1/4 oder 25 %.

Recht einfach und leicht nachvollziehbar.

Szenario 2:

In diesem Szenario wissen sie bereits, dass mindestens 1 Kind ein Junge ist. Insofern fällt das mögliche Ergebnis „Mädchen und Mädchen" aus dem Szenario 1 weg. Es gibt daher nur noch drei mögliche Ergebnisse, nämlich:

- Mädchen und Junge

- Junge und Mädchen

- Junge und Junge.

Nur ein Ergebnis zeigt „Junge und Junge". Daher ist die Wahrscheinlichkeit, dass Frau Müller zwei Jungen hat 1/3 oder ungefähr 33 %.

Eine solche Konstellation nennt man bedingte Wahrscheinlichkeit. Wie groß ist die Wahrscheinlichkeit zwei Jungs zu haben, unter der Bedingung, dass sie bereits wissen, dass mindestens ein Kind ein Junge ist.

Die Wahrscheinlichkeit im Szenario 2 ist also größer als die Wahrscheinlichkeit im Szenario 1, aufgrund der zusätzlichen Informationen, die sie ja haben.

Szenario 3:

Die Frage ist nun, ob weitere zusätzliche Informationen die Wahrscheinlichkeit noch weiter erhöhen. Und damit wären wir dann beim Szenario 3 und der Frage, ob die Information, dass der erwähnte Junge, der an einem Dienstag geboren wurde, die Wahrscheinlichkeit von 1/3 verändert.

Intuitiv kommen wir „wahrscheinlich" zu dem Schluss, dass diese Zusatzinformation nicht relevant ist. Dem ist aber nicht so!

Zunächst müssen wir einige Überlegungen anstellen, wie die Gesamtmenge aller möglichen Ergebnisse aussieht. Wir nehmen an, dass die Wahrscheinlichkeit an einem Dienstag geboren zu sein die gleiche ist, wie für die anderen Tage in der Woche. Das heißt, die Wahrscheinlichkeit an einem Dienstag geboren zu sein ist die gleiche, wie die an einem Mittwoch, Donnerstag, Freitag usw. geboren zu sein.

Betrachten wir nun die möglichen Ergebnisse etwas näher.

Falls das erste Kind (K1) von Frau Müller ein Junge ist, der an einem Dienstag geboren wurde, so gibt es insgesamt 14 Möglichkeiten für das zweite Kind (K2). Falls das erste Kind (K1) kein Junge ist, der an einem Dienstag geboren wurde, so muss das zweite Kind (K2) ein Junge sein, der an einem Dienstag geboren wurde. Dies sind dann noch einmal 13 Möglichkeiten. Insgesamt gibt es daher 14 + 13 = 27 mögliche Ereignisse, bei denen es zumindest einen Jungen gibt, der am Dienstag geboren wurde.

In der folgenden Tabelle sind diese möglichen Ereignisse der beiden Kinder K1 und K2 dargestellt.

K2	K1	JUNGE							MÄDCHEN						
		M	D	M	D	F	S	S	M	D	M	D	F	S	S
J	M		X												
U	D	X	X	X	X	X	X	X	X	X	X	x	X	X	X
N	M		X												
G	D		X												
E	F		X												
	S		X												
	S		X												
M	M		X												
Ä	D		X												
D	M		X												
C	D		X												
H	F		X												
E	S		X												
N	S		X												

Wie viele günstige Ereignisse gibt es nun innerhalb dieser obigen 27 Möglichkeiten, zwei Jungen zu haben? Die Möglichkeiten, bei denen Mädchen dabei sind, fallen dann weg. Daher gibt es insgesamt 13 Möglichkeiten für 2 Jungen, mit mindestens einem Jungen, der am Dienstag Geburtstag hat.

In dieser Tabelle sind diese günstigen Ereignisse dargestellt.

K1		JUNGE							MÄDCHEN						
K2		M	D	M	D	F	S	S	M	D	M	D	F	S	S
J	M		X												
U	D	X	X	X	X	X	X	X							
N	M		X												
G	D		X												
E	F		X												
	S		X												
	S		X												
M	M														
Ä	D														
D	M														
C	D														
H	F														
E	S														
N	S														

Nun zurück zur Wahrscheinlichkeit. Die Wahrscheinlichkeit eines Ereignisses ist das Verhältnis der günstigen Ergebnisse zur Gesamtmenge aller möglichen Ergebnisse. Es gibt 27 mögliche Ergebnisse und 13 günstige Ergebnisse.

Die Wahrscheinlichkeit, dass Frau Müller zwei Jungen hat, ist daher:

13/27 = 0,4815... = ca. 48 %.

Durch die Zusatzinformation mit dem Geburtstag am Dienstag hat sich die Wahrscheinlichkeit daher von 33 % auf 48 % erhöht.

Kaum zu glauben, aber wahr! Ich habe es am Anfang auch nicht geglaubt, bis ich es dann nachgerechnet habe.

Geburtstagswahrscheinlichkeit

Ein weiteres Beispiel, bei dem man intuitiv meist daneben liegt, ist das klassische Beispiel der „Geburtstagswahrscheinlichkeit".

Folgende Fragestellung: Wie viele Personen müssen sich in einem Raum befinden, sodass die Wahrscheinlichkeit, dass zwei oder mehrere Personen am gleichen Tag ihren Geburtstag haben, größer als 50 % ist?

Was ist ihre spontane Antwort? Vielleicht 150 Personen oder noch mehr? Sie werden verblüfft sein, dass es nur 23 Personen braucht. Wenn sie das nächste Mal auf einer Party mit mehr als 23 Personen sind, dann können sie getrost wetten, dass mindestens 2 Personen am gleichen Tag Geburtstag haben.

Machen wir die Rechnung:

Eine Person hat 365 Möglichkeiten für Geburtstage, vom 1. Januar bis zum 31. Dezember. Eine zweite Person hat die gleichen Möglichkeiten. Es gibt zwischen den 2 Personen nun $365 \cdot 365 = 133.225$ Möglichkeiten für Geburtstage, vom 1. Januar für die erste Person und 1. Januar für die 2 Person, 1. Januar für die erste Person und 2. Januar für die 2 Person, 1. Januar für die erste Person und 3. Januar für die 2 Person, bis hin zum 31. Dezember für die erste Person und 31. Dezember für die 2 Person. Bringt man eine dritte Person ins Spiel, so gibt es schon $365 \cdot 365 \cdot 365 = 48.627.125$ Möglichkeiten für Geburtstagskombinationen. Bei vier Personen sind es bereits

$$365 \cdot 365 \cdot 365 \cdot 365 = 17.748.900.625 \text{ Möglichkeiten.}$$

Die Anzahl der Möglichkeiten wächst sehr schnell. Bei 20 Personen würde man 365 20mal mit selbst multiplizieren. Im Allgemein gibt es bei „n" Personen insgesamt 365^n Möglichkeiten.

Für diese Fragestellung ist es einfacher, wenn man die Wahrscheinlichkeit betrachtet, dass niemand am gleichen Tag Geburtstag hat. Wenn man diese kennt, kann man leicht auf die Wahrscheinlichkeit für gemeinsame Geburtstage schließen.

Betrachten wir also die Möglichkeiten, dass niemand am gleichen Tag Geburtstag hat. Bei 2 Personen hat die erste Person 365 Möglichkeiten für ihren Geburtstag. Die zweite Person hat allerdings nur noch 364 Möglichkeiten, da sie ja nicht am gleichen Tag Geburtstag haben soll wie die erste Person, das heißt, es gibt 365 · 364 = 132.860 Möglichkeiten. Bei diesen 2 Personen ist daher die Wahrscheinlichkeit, dass unterschiedliche Geburtstage vorliegen (365 · 364) ÷ (365 · 365) = 0,997 = 99,7 %. Daraus folgt, dass bei 2 Personen, die Wahrscheinlichkeit für den gleichen Geburtstag 1 - 0,997 = 0,003 = 0,3 % beträgt.

Bei 3 Personen beträgt dann diese Wahrscheinlichkeit für keinen gemeinsamen Geburtstag:

(365 · 364 · 363) ÷ (365 · 365 · 365) = 0,992 = 99,2 %.

Daraus folgt die Wahrscheinlichkeit für zumindest einen gemeinsamen Geburtstag von:

1 - 99,2 % = 0,8 %.

Betreibt man dies weiter, erhält man bei 23 Personen im Raum eine Wahrscheinlichkeit von 50,73 %. Die Tabelle zeigt die Wahrscheinlichkeiten für 2 bis 25 Personen.

Personen im Raum	Wahrscheinlichkeit, dass keine Personen am gleichen Tag Geburtstag haben	Wahrscheinlichkeit, dass Personen am gleichen Tag Geburtstag haben
2	99,7 %	0,3 %
3	99,2 %	0,8 %
4	98,4 %	1,6 %
5	97,3 %	2,7 %
6	96,0 %	4,0 %
7	94,4 %	5,6 %
8	92,6 %	7,4 %

Personen im Raum	Wahrscheinlichkeit, dass keine Personen am gleichen Tag Geburtstag haben	Wahrscheinlichkeit, dass Personen am gleichen Tag Geburtstag haben
9	90,5 %	9,5 %
10	88,3 %	11,7 %
11	85,9 %	14,1 %
12	83,3 %	16,7 %
13	80,6 %	19,4 %
14	77,7 %	22,3 %
15	74,7 %	25,3 %
16	71,6 %	28,4 %
17	68,5 %	31,5 %
18	65,3 %	34,7 %
19	62,1 %	37,9 %
20	58,9 %	41,1 %
21	55,6 %	44,4 %
22	52,4 %	47,6 %
23	49,3 %	50,7 %

Bei 50 Personen im Raum beträgt die Wahrscheinlichkeit für mindestens einen gemeinsamen Geburtstag bereits 95,4 %.

7. Da wäre ich nicht darauf gekommen

Sie hatten sicher schon einmal ein „Aha-Erlebnis". Um zu so einem Erlebnis zu kommen, muss man erst einmal gedanklich in einer Sackgasse sein oder die verkehrte Abzweigung genommen haben. Irgendwann gelingt ihnen dann, und dies geschieht oft im Unterbewusstsein, ihren Irrweg zu erkennen und es macht „Blink". Sie sehen auf einmal einen Lösungsweg, und wissen oft gar nicht, wie sie darauf gekommen sind. Wie erwähnt, spielt hier das Unterbewusstsein eine Rolle, da sie sich unterbewusst weiter mit der Thematik beschäftigen. Ich glaube sogar, dass sie hier bewusst loslassen müssen, um Fortschritte zu machen, da zu viel Fokus teilweise blockierend wirken kann. Wenn sie dann allerdings, ohne zu wissen wie sie darauf gekommen sind, in der Lage sind die Puzzleteile zusammenzusetzen, dann kann dies regelrechte Glückshormone generieren. Ein sofortiges Erkennen ist zwar auch eine tolle Sache, aber wenn man erst einmal in der Sackgasse war und dann wieder herauskommt, dann hat dies doch mehr Nachhaltigkeit. Daher erklärt sich auch, wenn jemand ganz stolz von sich gibt, dass ihm die Lösung des Problems oder das Verstehen eines Sachverhaltes, unter der Dusche gekommen sei oder beim Autofahren plötzlich vom Himmel gefallen ist.

Im nachfolgenden Kapitel habe ich ein paar Dinge beschrieben, wo ich anfänglich absolut nicht darauf gekommen bin, oder anfänglich ziemlich falsch lag mit meiner Meinung bis ich es dann im Detail nachgerechnet habe. Darum sind diese Erlebnisse bei mir auch irgendwie hängen geblieben. Sehen wir einmal, ob ihnen das auch so geht, oder ob ich da allein bin.

Übrigens gibt es auch Probleme oder Fragestellungen, die sie nicht lösen können, egal wie stark sie sich anstrengen oder ihr Unterbewusstsein beim Duschen beschäftigen. Es gibt nämlich auch schlichtweg Dinge, die keine Lösung haben. Während es bei manchen Problemstellungen offensichtlich ist, gibt es auch Situationen, bei denen man glaubt, einer Lösung sehr nah zu sein, obwohl es gar keine gibt. Die Genugtuung kommt natürlich erst dann, wenn sie beweisen können, dass die Aufgabe wirklich nicht lösbar ist. Solange das nicht erfolgt ist, wird ihr Unterbewusstsein weiter auf Hochtouren arbeiten, und sie werden sich über die hohe Wasserrechnung, die durch ständiges und langes Duschen entstanden ist, nur ärgern.

Pythagoras und das Meer

Ja, ich meine Pythagoras und das Meer und habe das nicht mit „Der alte Mann und das Meer" von Ernest Hemingway verwechselt, obwohl es da durchaus Parallelen gibt. Aber was hat denn nun der Pythagoras mit dem Meer zu tun? Wir werden das gleich auflösen, aber erst einmal müssen wir uns zurück an Herrn Pythagoras erinnern. Wenn sie eine Formel, die sie in der Schule einmal vor vielen Jahren gelernt haben, aufsagen müssten, welche würde ihnen denn da einfallen? Viele würden sich, nach einigem Hin und Her überlegen, wahrscheinlich an den Satz des Pythagoras erinnern. Zum einen, hatte fast jeder diesen Satz mal in der Mittelstufe gelernt, und zum anderen ist er wirklich einfach schön zu merken. a zum Quadrat plus b zum Quadrat ist c zum Quadrat. Also $a^2 + b^2 = c^2$. Wissen sie noch was es damit auf sich hat? Richtig es geht um ein rechtwinkliges Dreieck mit den Seiten a, b und c. Die Seiten a und b sind die Dreiecksseiten, die an dem rechten Winkel anliegen. Die Seite c ist die Dreiecksseite, die dem rechten Winkel gegenüberliegt. Multipliziert man nun die Seite a mit sich selbst und dann die Seite b mit sich selbst, und addiert dies zusammen, so erhält man das Gleiche, wie wenn man die Seite c mit sich selbst multipliziert.

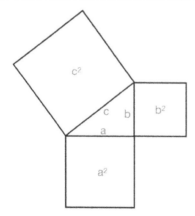

Abbildung 7-1: Der Satz des Pythagoras

Erinnern sie sich? Ja, sie können sich erinnern, das ist ja prima.

Dies hat der Herr Pythagoras vor mehr als 500 Jahren vor Christus herausgefunden. Machen wir ein Beispiel: Seite a = 3, Seite b = 4, dann ist $c^2 = 3^2 + 4^2 = 9 + 16 = 25$. Wenn $c^2 = 25$ ist, dann muss c = 5 sein, da ja 5· 5 = 25 ist. Also wirklich kein Hexenwerk. Es gibt übrigens wahnsinnig viele Beweise für den Satz des Pythagoras. Wenn ihnen mal so richtig langweilig ist, dann probieren sie mal einen zu finden. Es ist eigentlich nicht schwer zumindest einen zu finden. Und ich sage ihnen, wenn sie einen gefunden haben, dann fühlen sie wahrscheinlich das Gleiche, wie das was Pythagoras vor 2500 Jahren empfunden hat.

So damit haben wir Herrn Pythagoras wieder in Erinnerung. Nun was hat der mit dem Meer zu tun? Die alten Griechen saßen ja oft am Meer und philosophierten, aber das meine ich nicht. Waren sie schon mal am Meer? Sicher waren sie das. Wahrscheinlich standen sie schon einmal direkt am Meer und haben auf den Horizont gestarrt, wo das Meer in den Himmel übergeht. Ich liebe dieses Bild mit dieser Weite. Ich kann mich noch erinnern, als wir einmal mit unseren Kindern am Meer waren und gemeinsam auf diesen Horizont starrten. Eines meiner Kinder fragte dann, wie viele Kilometer es denn eigentlich bis zu Horizont sind. Vielleicht kommt ihnen das ja bekannt vor, und sie oder eines ihrer Kinder, hatten die gleiche Frage gestellt. Wie kommen wir denn jetzt zu einer Antwort? Sie können es abmessen, falls sie zufällig ein wirklich langes Maßband dabeihaben und gut schwimmen können. Sie können es googeln, falls sie gerade ihr Smartphone dabeihaben und auch Netz haben. Oder sie können es ganz einfach ausrechnen und damit den Fragenden wirklich beeindrucken. Aber wie sollen sie das denn ausrechnen?

Ich musste da etwas darüber nachdenken und befand mich auch schon in einigen Sackgassen. Dann sah ich plötzlich eine Lösung und diese hat mit Pythagoras zu tun. Man muss sich nur ein rechtwinkliges Dreieck vorstellen, bei dem der rechte Winkel direkt am Horizont liegt. Häh? Also wir denken uns ein Dreieck. Ein Dreieck hat ja bekanntlich 3 Seiten. Die Seite a ist der Radius unserer Erde, da die Seite am Erdmittelpunkt anfängt und am Horizont aufhört. Sie erinnern sich ja noch, dass unsere

Erde eine Kugelgestalt hat. Und jede Kugel hat ja bekanntlich einen Radius. Unser Erdradius beträgt im Mittel 6371 km, das heißt, wenn sie von der Erdoberfläche bis zum Erdmittelpunkt ein Loch graben wollten, dann müssten sie 6371 km tief graben. Aber so was machen wir nicht. Ich geh mal davon aus, dass sie dies wussten.

Also zurück zum Dreieck. Die Seite a ist also unser Erdradius und damit ist a = 6371 km. Die Seite b ist die Entfernung von unserem Auge bis zum Horizont, und genau die Entfernung wollen wir ja ausrechnen. Daher müssen wir uns überlegen wie lang die Dreiecksseite c ist, also die Seite, die dem rechten Winkel im Dreieck gegenüber liegt. Das hängt davon ab, wie groß sie sind und wie hoch ihr Auge über dem Boden liegt. Nehmen wir an, sie sind 1,80 m groß und der Abstand von Boden (also dem Meeresspiegel) zu ihrem Auge beträgt 1,70 m. Dann ist die Seite c = Erdradius plus 1,70 m. Also c = 6371 km + 1,7 m = 6371,0017 km. Da wir ein rechtwinkliges Dreieck haben, gilt daher unser bekanntes: $a^2 + b^2 = c^2$

Setzen wir nun die Werte a und c in unsere Formel ein:

$6371^2 + b^2 = 6371,0017^2$

und geben dies in unserem Taschenrechner ein. Wie sie sehen, gehe ich mal davon aus, dass sie auch am Strand ihren Taschenrechner dabeihaben. Dann erhalten wir:

$40589641 + b^2 = 40589662,6614$

Jetzt subtrahieren wir auf beiden Seiten 40589641 und erhalten dann:

$b^2 = 40589662,6614 - 40589641 = 21,6614$

Daher ist: $b^2 = 21,6614$

Um b zu erhalten, müssen wir nun die Wurzel ziehen (natürlich mit dem Taschenrechner) und erhalten dann:

Dann im Taschenrechner eintippen:

21,6614	√		

Und erhalten dann: 4,65418091622621

b = 4,654 km.

Das heißt, wenn sie direkt am Meeresspiegel stehen und ihr Auge 1,70 m über dem Meeresspiegel liegt, dann ist die Strecke bis zum Horizont 4,654 km.

Das folgende Bild illustriert noch einmal unseren Rechengang:

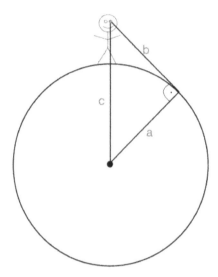

Abbildung 7-2: Das rechtwinklige Dreieck am Meeres-Horizont

Unser a ist der Erdradius, c ist die Summe von Erdradius plus ihrer Augenhöhe, und b ist die Entfernung bis zum Horizont. Damit können sie wirklich punkten, wenn sie mit Kindern oder auch Erwachsenen am Meer stehen, finden sie nicht auch?

Wenn sie zu ihrem Sohn nun sagen, dass es bis zum Horizont 4,654 km, dann stimmt das zwar für sie, muss aber nicht für ihren Sohn stimmen. Falls die Augenhöhe ihres Sohnes nämlich nur 1,20 m über dem Meeresspiegel liegt, dann müssen sie dies nämlich erst noch einmal für ihn berechnen.

Also noch einmal:

Setzen wir nun die Werte a und c in unsere Formel für ihren Sohn ein:

$6371^2 + b^2 = 6371,0012^2$

$40589641 + b^2 = 40589656,2903$

Jetzt subtrahieren wir wieder auf beiden Seiten 40589641 und erhalten dann:

$b^2 = 40589656,2903 - 40589641 = 15,2904$

Nun noch die Wurzel ziehen und wir erhalten: b = 3,910 km

Daher sieht ihr kleinerer Sohn nur 3,910 km bis zum Horizont, während sie über 600 Meter weitersehen können. Hätten sie das gedacht?

Sie können ausrechnen wie weit sie sehen können, wenn sie auf einer Felsenklippe am Meer stehen und die Klippe in etwa 100 m über dem Meeresspiegel liegt. Wenn sie richtig gerechnet haben, dann sollten sie ca. 36 km herausbekommen. Und das machte früher wirklich einen Unterschied, ob man einen Wachposten direkt am Meer oder auf einer Klippe hat. Wenn ein Kriegsschiff im Mittelalter etwa 20 km pro Stunde zurückgelegt hat, dann konnte ein englischer Wachposten auf einer 100 m hohen Klippe ein herankommendes Schiff mehr als 1,5 Stunden früher sehen, wie sein Wachposten-Kollege, der direkt am Meer stand. Eineinhalb Stunden haben bei einer derartigen Situation einen großen Unterschied gemacht.

Nun wissen sie, was Herr Pythagoras mit dem Meer in Verbindung bringt.

Herr Pythagoras hat übrigens mit seinem Satz nicht nur Gutes getan, sondern auch eine ernsthafte Krise ausgelöst. Pythagoras und seine Anhänger waren richtige Mathe-Fanatiker und sie glaubten daran, dass man alles in der Natur durch ein Verhältnis von natürlichen Zahlen beschreiben kann. Der große Baum ist dreimal so groß wie der kleine Baum, das Verhältnis von Traubensaft zu Wasser beträgt 3:2. Dies war ihr Weltbild. Durch den Satz des Pythagoras wurden allerdings neue

Zahlen gefunden, die die besondere Eigenschaft hatten, dass man sie nicht als ein Verhältnis von ganzen Zahlen darstellen konnte. Nehmen wir ein rechtwinkliges Dreieck mit a=1 und b=1, dann ist c^2=2 und c ist die Wurzel von 2. Die Wurzel von 2 ist eine Zahl, die man nicht als Verhältnis von natürlichen Zahlen darstellen kann. Dies kann man sogar beweisen, und ich erspar es mir ihnen zu sagen, dass es natürlich die Griechen bewiesen haben. Die Wurzel von 2 beträgt 1.41421356237…., wobei die Stellen hinter dem Komma niemals aufhören und unendlich weitergehen. Solche Zahlen nennt man irrationale Zahlen. Aber dies nur am Rande, wir wollen nicht weiter abschweifen und uns weiter an dem Meeres-Horizont erfreuen. Allerdings schauen wir jetzt nicht nur auf das Meer, sondern starren einmal den Mond an.

Papierfalten bis zum Mond

Voll daneben ist man oft, wenn Dinge sehr schnell wachsen oder steigen, oder man es mit großen Zahlen zu tun hat, mit denen man wenig Übung im Alltag hat.

Stellen Sie sich vor, dass sie ein wirklich riesiges Blatt Papier vor sich haben. Das Papier hat eine Dicke vom 0,1 mm. Wenn sie das Blatt Papier einmal in der Mitte zusammenfalten, dann verdoppelt sich die Dicke auf 0,2 mm. Wenn sie dies nun wieder falten erhalten sie bereits eine Dicke von 0,4 mm. Das heißt, mit jedem Falten verdoppelt sich die Dicke des Papiers, eigentlich ganz logisch.

Nun zu der Frage: Wie oft müssten sie das Blatt falten, sodass die Dicke des Papiers die Entfernung von Erde zum Mond hätte? Sie haben richtig gelesen, bis zum Mond. Darum erwähnte ich ja, dass sie ein wirklich großes Blatt brauchen.

Nun müssen wir erst mal klären, wie weit es eigentlich bis zum Mond ist. Die Entfernung schwankt etwas, aber die durchschnittliche Entfernung beträgt in etwa 384.000 km.

Nun noch einmal die Frage. Wie oft müssen sie ein Blatt Papier mit der Dicke von 0,1 mm falten, sodass die Dicke des gefalteten Papiers mindestens 384.000 km beträgt. Was ist ihre spontane Antwort? Vielleicht 10.000.000-mal oder noch mehr. Weit daneben, es sind nämlich nur 42-mal.

In der Tabelle kann man die Dicke des Papiers ablesen.

Betrachten wir nun unsere ersten 15 Faltungen:

Faltungen	Dicke in mm
0	0,1
1	0,2
2	0,4
3	0,8
4	1,6
5	3,2
6	6,4
7	12,8
8	25,6
9	51,2
10	102,4
11	204,8
12	409,6
13	819,2
14	1638,4
15	3276,8

In diese Tabelle sehen wir, dass nach 15 Faltungen wir schon die stattliche Dicke von 3.276,8 mm erreicht haben, dies entspricht 3 m und ca. 28 cm. Nicht schlecht, aber ich glaube, sie glauben mir die 42 Faltungen noch immer nicht, selbst wenn sie erstaunt sind, dass wir schon bei 3 m angekommen sind.

Betrachten wir nun die nächsten 10 Faltungen. Dazu wechseln wir aber die Einheit. Also 3.276,8 mm entspricht 3,2768 m.

Faltungen	Dicke in m
15	3,2768
16	6,5536
17	13,1072
18	26,2144
19	52,4288
20	104,8576
21	209,7152
22	419,4304
23	838,8608
24	1677,7216
25	3355,4432

Also bei 25 Faltungen sind wir nun bei 3.355,4432 m angekommen. Dies sind immerhin schon mehr als 3 km. Aber sie glauben es mir immer noch nicht.

Betrachten wir die nächsten 10 Faltungen und wechseln zu km, also 3.355,4432 m entsprechen 3,3554432 km.

Faltungen	Dicke in km
25	3,36
26	6,71
27	13,42
28	26,84
29	53,69
30	107,37
31	214,75
32	429,50
33	858,99
34	1717,99
35	3435,97

Bei 35 Faltungen sind wir nun bei 3436 km angekommen. Dies sind immerhin schon die halbe Strecke von Berlin nach New York. Ich nehme an, es dämmert langsam bei ihnen. Sehen wir uns die nächsten 7 Faltungen an.

Faltungen	Dicke in km
35	3436
36	6872
37	13744
38	27488
39	54976
40	109951
41	219902
42	439804

Nun ja, bei 42 Faltungen sind wir bei 439804 km und sind damit schon über den Mond hinausgeschossen.

Übrigens, nach 51-mal falten hätten sie bereits die Entfernung von der Erde zur Sonne übertroffen (mittlere Entfernung ca. 150.000.000 km). Aber denken sie daran, die Sonne ist sehr heiß und ihr Papier könnte ganz schnell Feuer fangen und ihre Mühe wäre umsonst gewesen.

Falls sie das Kapitel „Basics" gelesen haben, dann hätten sie dies auch ganz einfach ausrechnen können. Rechnen wir erst die Dicke des Papiers von mm in km um. Das Blatt hat eine Dicke von 0,1 mm, das entspricht 0,0001 m, und dies sind dann 0,0000001 km. Da es sich mit jeder Faltung verdoppelt, haben wir folgende Gleichung:

$0,0000001 \cdot 2^x = 380.000$

Wobei x die Anzahl der Faltungen ist. Nun teilen wir auf beiden Seiten durch 0,0000001 und erhalten:

$2^x = 3.800.000.000.000$

Lösen wir diese Gleichung nach x auf mithilfe des Logarithmus, dann erhalten wir:

$x = \ln(3.800.000.000.000) \div \ln(2) = 41,789$

Daher brauchen wir 42 Faltungen, um die Dicke bis zum Mond zu erreichen. Cool, oder?

Think outside the Box

Kennen sie das Zeichenspiel „Das Haus des Nikolaus"? Die meisten Menschen kennen dies und ich muss sagen, meine Kinder haben dieses Spiel geliebt, als sie noch klein waren. Worum geht es bei diesem Haus?

Das Ziel des Spieles ist es, ein „Haus" in einem Linienzug aus genau acht Strecken zu zeichnen, ohne eine Strecke zweimal zu durchlaufen.

Abbildung 7-3: Das Haus des Nikolaus

Allerdings habe ich nie verstanden, warum dies ausgerechnet das Haus vom Nikolaus darstellt. Fängt man ganz links unten an, so gibt es 44 verschiedene Möglichkeiten dieses Haus mit einem Linienzug und durch acht Strecken zu zeichnen. Das Finden einer Lösung ist daher recht einfach. Probieren sie es einfach mal aus, falls sie das nicht schon zur Genüge mit ihren Kindern durchprobiert haben.

Dieses Nikolaus Zeichenspiel wollen wir nicht weiter vertiefen, sondern wir wollen uns einem anderen, aber sehr ähnlichen Zeichenspiel widmen.

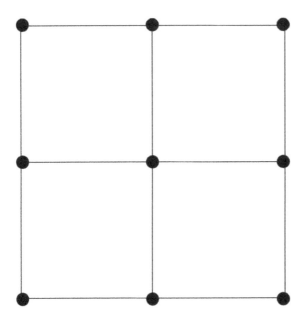

Abbildung 7-4: 9 Punkte Zeichenspiel

Das Ziel des Spieles ist es, alle neun Punkte in einem Linienzug aus genau vier Strecken zu erreichen.

Alles klar? Es gibt definitiv eine Lösung, aber finden sie diese?

Sie werden schnell merken, dass häufig ein Punkt übrigbleibt, den sie mit 4 Strecken nicht erreichen, wie in dem nächsten Bild.

Hier fangen wir unten rechts an und zeichnen nach oben, dann links, dann diagonal und dann wieder nach links. Aber so geht es zumindest nicht.

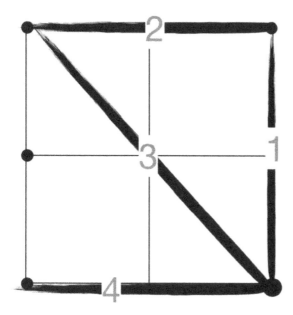

Abbildung 7-5: 9 Punkte Zeichenspiel - So geht es nicht

Aber geben sie nicht so einfach auf und denken sie an den Titel für dieses Kapitel.

Wenn sie nicht weiterkommen, dann blättern sie auf die nächste Seite. Aber wie gesagt, erst noch mal probieren, es gibt eine recht einfache Lösung.

Hier ist die Lösung: Ein Linienzug, 4 Strecken und alle Punkte erfasst!

Sie starten bei dem Punkt links oben. Dann nach rechts, aber über die „Box" hinaus. Dann diagonal schräg nach links unten und auch über die „Box" hinaus. Dann wieder nach oben zum Ausgang zurück und noch einmal diagonal nach rechts unten.

Einfach, oder?

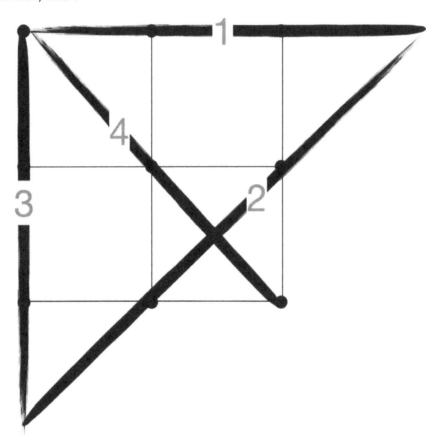

Abbildung 7-6: 9 Punkte Zeichenspiel - Lösung

Sie werden sicher nun denken, dass ich nun über die „Box" hinaus gemalt habe. Richtig. Aber ich habe auch nicht gesagt, dass der Linienzug und die 4 Strecken innerhalb der „Box" sein müssen. Sie haben dies eventuell angenommen und sich damit das Leben selbst schwer gemacht. Darum heißt dieses Unterkapitel auch „Think outside the Box".

In vielen alltäglichen und auch mathematischen Situationen oder Problemstellungen schränken wir uns selbst ein, weil wir Dinge annehmen, obwohl sie nicht gefordert oder vorgegeben sind. Sie können dieses Zeichenspiel nicht lösen, wenn sie innerhalb der „Box" bleiben. Darum ist es gut, bei Fragestellungen die Annahmen und Forderungen zu hinterfragen. Wenn die Fragestellung sie nicht einschränkt, dann sollten sie es auch nicht tun.

Die blöden Leitungen

Während manche Aufgaben sehr kompliziert klingen und sie gar nicht wissen, wie sie anfangen sollen, gibt es auch Aufgaben, die sehr einfach klingen. Sie sind sich sicher, dass sie dies im Handumdrehen lösen können.

Na dann, probieren sie ihr Glück mal mit der folgenden Aufgabe.

Drei Häuser A, B, und C brauchen jeweils eine Verbindung mit dem Elektrizitätswerk, Gaswerk und Wasserwerk. Sie können die Strom-, Gas- und Wasserleitungen verlegen, wie es ihnen am meisten Spaß macht. Allerdings dürfen sich keine der Leitungen überkreuzen. Klingt einfach. Probieren Sie es aus. Mag sein, dass es nicht gleich auf das erste Mal klappt, aber sie haben sicher genug Papier zur Hand.

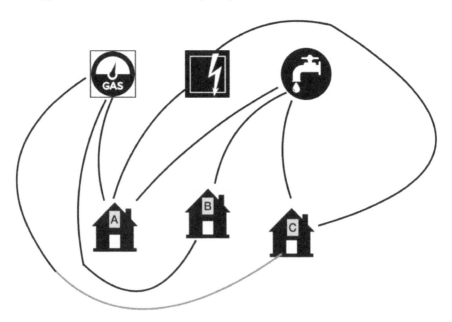

Abbildung 7-7: Das Leitungsproblem

In der obigen Skizze fehlt noch die Stromleitung von Haus B zum E-Werk. Finden sie eine Lösung, die alle Häuser mit allen Werken verbindet, wobei sich die Leitungen nicht überkreuzen?

Eigentlich kein Problem, und sie sind sicher schon nah dran.

Die Lösung ist im nächsten Abschnitt, aber lassen sie sich etwas Zeit und probieren sie es noch mal, bevor sie weiterlesen.

Lösung:

Sie waren sicher nah dran, aber haben es nicht hinbekommen. Stimmt's? Falls ja, dann verzweifeln sie nicht. Ich kenne niemanden, der diese Aufgabe lösen konnte, obwohl man immer meint kurz davor zu sein.

Ich möchte sie jetzt aber wieder etwas beruhigen. Falls sie mal Mathematik studieren sollten, dann besuchen sie eine Vorlesung mit dem Titel „Grafentheorie". In dieser Vorlesung schlägt man sich mit solchen Problemstellungen herum. In dieser Vorlesung habe ich auch mal den Beweis gelernt, warum dieses Problem in der Ebene nicht lösbar ist. Leider habe ich vergessen, wie das geht. Aber sie sollten beruhigt sein und sind kein Versager. Falls sie eine Lösung gefunden hätten, dann hätten sie die Mathematik auch ganz schön durcheinandergewirbelt. Aber merken sollten sie sich, dass es auch Probleme gibt, für die es schlichtweg - und wenn sie sich auch noch so anstrengen - keine Lösung gibt.

Der verschwundene Euro

Ab und zu kommt etwas abhanden, aber verstehen sie immer, wo es hingekommen ist?

Drei Jungs wollen einen neuen Fußball kaufen, da der alte Fußball beim letzten Spiel aufplatze und nun kaputt ist. Sie fragen in einem Sportgeschäft wie viel ein guter Fußball kosten würde und erhalten die Auskunft, dass sie 30 € für einen neuen Ball bräuchten. Zu Hause plündern die drei Jungs ihre Sparschweine und jeder entnimmt 10 €, sodass sie am nächsten Tag gemeinsam den Ball für 30 € kaufen können.

Am nächsten Morgen gehen die 3 Jungen, jeder mit 10 € in der Tasche, wieder ins Sportgeschäft und wollen den Ball kaufen. Der Verkäufer gibt ihnen den Ball und jeder legt seine 10 € auf die Verkaufstheke. Alle scheinen glücklich zu sein.

Der Inhaber des Geschäftes beobachtet die Situation und ruft dann den Verkäufer zu sich. Er teilt dem Verkäufer mit, dass er die Bälle eigentlich heute auf 25 € reduzieren wollte und möchte daher, dass die 3 Jungen auch nur 25 € zahlen. Daher bittet er den Verkäufer den Jungen 5 € zurückzugeben. Alles klar soweit?

Der Verkäufer weiß aber nicht wie er die 5 €, die er zurückgeben soll, durch die 3 Jungen aufteilen soll. Daher beschließt er, jeden der Jungen nur 1 € zurückzugeben und die restlichen 2 € von den 5 € steckt er in seine eigene Tasche. Also gibt er jeden der Jungen 1 € zurück, sodass die 3 Jungen insgesamt nur 3 · 9 € = 27 € zahlen mussten. Alle scheine glücklich zu sein, doch irgendwas stimmt nicht.

Die 3 Jungen haben also 27 € für den Ball bezahlt. Der Verkäufer hat 2 € in die eigene Tasche wandern lassen. Also 27 € plus die 2 € ergeben 29 €. Aber die 3 Jungen kamen doch mit 30 €.

Wo ist nun der eine Euro verschwunden?

Hmm. Haben sie eine Idee?

Die Lösung ist im nächsten Abschnitt, aber lassen sie sich etwas Zeit und denken sie noch mal, bevor sie weiterlesen.

Lösung:

Sie haben sich durch die geschickte Wahl der Zahlen und meine Fragestellung einfach ins Bockshorn jagen lassen. Die Aussage, dass 27 € plus die 2 € plus der verschwundene Euro die Summe von 30 € ergeben muss, ergibt überhaupt keinen Sinn.

Denken Sie mal drüber nach.4^

Die richtigen Schlussfolgerungen sind:

27 € - 2 € sind 25 € und das hat der Ball gekostet und

30 € - 3 € - 2 € sind 25 € und das hat der Ball gekostet.

Würden sie die Aufgabe mit anderen Werten rechnen, dann würden sie diesen falschen Gedankengang sofort erkennen.

Beispiel: Die Jungen bringen dreimal 15 € = 45 €, weil sie denken der Ball kostet 45 €. Er wird reduziert auf 32 €. D.h. er ist 13 € billiger. Der Verkäufer gibt jeden Jungen 4 € zurück und behält 1 €. Jeder Junge zahlt dann nur 11 €. 3 mal 11 € = 33 € minus der Euro vom Verkäufer sind 32 €.

Aber 3 mal 11 € plus 1 € sind keine 45 € und niemand würde dies so behaupten.

Also merken wir uns folgendes. Wenn jemand eine Aufgabe stellt oder Behauptung aufstellt, dann rechnen wir nicht gleich darauf los. Wir machen uns erst einmal Gedanken, ob denn die Aufgabe oder Fragestellung auch Sinn ergibt.

Ist 1 nun 2 oder -1 oder was?

Während es im normalen Leben manchmal, aber nicht immer, OK sein kann Kleinigkeiten zu ignorieren, so kann dies in der Mathematik, aber auch im wirklichen Leben, zu fatalen Dingen führen. Ich zeige ihnen mal zwei interessante Beispiele, und sie überlegen dann welche „Kleinigkeiten" ignoriert wurden.

Beispiel 1: -1 = 1

Anfang: 9 + 16 = 25

Schritt 1: Umformen von 9 und 16 in Quadratzahlen ergibt

$3^2 + 4^2 = 25$

Schritt 2: Auf beiden Seite 24 subtrahieren ergibt

$3^2 + 4^2 - 24 = 25 - 24$

Schritt 3: Linke Seite umordnen ergibt

$3^2 - 24 + 4^2 = 25 - 24$

Schritt 4: Die linke Seite als Quadrat darstellen (mithilfe der binomischen Formeln) und rechts 25 - 24 ausrechnen ergeben

$(3 - 4)^2 = 1$

Schritt 5: Wurzel ziehen auf beiden Seiten ergibt

$(3 - 4) = 1$

Schritt 6: Zusammenfassen

Ergebnis: -1 = 1

Die Katastrophe ist da!

Damit wäre bewiesen, dass 1 gleich -1 ist. Cool, oder?

Beispiel 2: 2 = 1

Anfang: (4 - 1) = 3

Schritt 1: Beide Seiten mit (4 - 1) multiplizieren ergibt

(4 - 1) · (4 - 1) = 3· (4 - 1)

Schritt 2: Umformen linke Seite ergibt

$(4 - 1)^2$ = 3· (4 - 1)

Schritt 3: Auf beiden Seiten $(4 - 1)^2$ - 2· 3· (4 - 1) addieren ergibt

$(4 - 1)^2$ + $(4 - 1)^2$ - 2· 3· (4 - 1) = 3· (4 - 1) + $(4 - 1)^2$ - 2· 3· (4 - 1)

Schritt 4: Zusammenfassen und umformen ergibt:

2 · $(4 - 1)^2$ - 2· 3· (4 - 1) = $(4 - 1)^2$ - 3· (4 - 1)

Schritt 5: Ausklammern von 2 auf der linken Seite ergibt

2· $((4 - 1)^2$- 3· (4 - 1)) = 1 · $((4 - 1)^2$ - 3· (4 - 1))

Schritt 6: Kürzen von $((4 - 1)^2$ - 3· (4 - 1)) auf beiden Seiten und die Katastrophe ist da.

Ergebnis: 2 = 1

Damit wäre bewiesen, dass 1 gleich 2 ist. Vorher hatten wir doch gerade erst bewiesen, dass 1 gleich -1 ist. Und nun soll es 2 sein. Was stimmt den jetzt?

Natürlich stimmt beides nicht, weil wir ein paar Kleinigkeiten übersehen bzw. ignoriert haben.

Haben sie es gemerkt?

Im Beispiel 1 haben wir eine Sache ignoriert bzw. unterschlagen. Die Wurzel aus einer Zahl hat nämlich zwei Lösungen und nicht nur eine. So ist die Wurzel von 9 also

$$\sqrt{9} = \pm 3,$$

das heißt, sowohl +3 wie auch -3. Im Schritt 5 ziehen wir die Wurzel aus 1, aber

$$\sqrt{1} = \pm 1.$$

Hätten wir -1 benutzt, so wäre die Lösung -1 = -1 und die Welt wäre wieder in Ordnung.

Im Beispiel 2 haben wir etwas gemacht, was uns jeder Mathe-Lehrer sicherlich 100-mal verboten hat. Wir haben nämlich durch 0 geteilt bzw. gekürzt. In der Mathematik ist Teilen durch 0 einfach tabu, sprich wir erlauben das nicht. Wenn wir es erlauben würden, dann würde viel Unsinn herauskommen und das wollen wir nicht. Also, durch Null wird nicht geteilt.

Wo haben wir jetzt durch 0 geteilt? Im Schritt 6 haben wir durch

$((4 - 1)^2 - 3 \cdot (4 - 1))$ gekürzt bzw. geteilt.

Aber was hat $((4 - 1)^2 - 3 \cdot (4 - 1))$ mit 0 zu tun?

Rechnen wir es aus. Rechnen wir es aus:

$((4 - 1)^2 - 3 \cdot (4 - 1)) =$

$(3^2 - 3 \cdot 3) =$

$(9 - 9) = 0$

Der Ausdruck ergibt 0, auch wenn man es am ersten Blick nicht sieht.

Also etwas versteckt. Aber wir hätten es nicht tun dürfen. Daher kam auch der Unsinn 2 = 1 heraus.

Also merken, Kleinigkeiten sind wichtig! Manche Dinge haben mehrere Lösungen und alle müssen betrachtet werden. Zum anderen teilen wir einfach nicht durch 0. Wir wollen nicht, wir dürfen nicht und wir machen es einfach nicht, und damit basta.

Das verschwundene Kästchen

Nun machen wir ein wenig Geometrie. Dieses Spiel kennen sie sicher noch aus Kinderzeiten. Es gibt verschiedene Formen, und diese Formen können sie zu einer größeren Form, wie zum Beispiel einem Dreieck oder Viereck, zusammenstückeln. Klingt gar nicht schwer.

Wir haben nun 4 verschiedene Formen: Zwei Dreiecke (Figuren 1 und 2), sowie zwei „Vielecke" (Figuren 3 und 4).

Die Aufgabe ist nun diese vier Formen zu einem größeren Dreieck zusammenzustückeln.

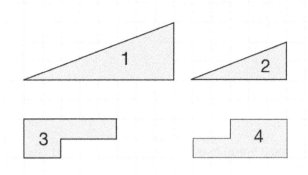

Abbildung 7-8: Einzelformen für ein Dreieck

Das Ganze ist ja nicht so schwer und sie werden es sicher, nach ein paar Versuchen, geschafft haben.

Nennen wir diese Lösung einfach Dreieck A. Dieses Dreieck ist 13 Kästchen breit und 5 Kästchen hoch. Nun werde ich ihnen ein weiteres Dreieck, nennen wir es Dreieck B, zeigen, dass auch 13 Kästchen breit und 5 Kästchen hoch ist. Allerdings hat Dreieck B eine Lücke, obwohl es die gleiche Breite und Höhe hat, wie Dreieck A und aus den gleichen Teilen zusammensetzt wurde. Wo kommt diese Lücke her?

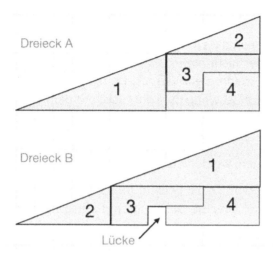

Abbildung 7-8: Dreiecke mit und ohne Lücken

Die Lösung ist im nächsten Abschnitt, aber lassen sie sich etwas Zeit und denken sie noch einmal nach, bevor sie weiterlesen.

Bei dieser Aufgabe ist einiges im Argen.

Ich muss ihnen leider sagen, dass ich gelogen habe (ich verspreche Besserung und tue das sicher nicht mehr). Aber das besagte Dreieck A ist eigentlich kein Dreieck, sondern ein Viereck. Nein, jetzt lüge ich nicht. Und auch Dreieck B ist - selbst wenn man die Lücke mit dem einen Kästchen auffüllen würde - ein Viereck und kein Dreieck. Sie werden denken, der ist jetzt komplett durch geknallt, aber dem ist nicht so.

Sie werden sich nun fragen, wo denn die 4. Ecke sein soll.

Die 4. Ecke ist genau da, wo sich die beiden Dreiecke 1 und 2 berühren. Man sieht die Ecke kaum, aber sie ist da und hat entsprechende Auswirkungen.

Wissen sie noch wie man den Flächeninhalt eines Dreiecks berechnet? Richtig, Grundlinie · Höhe und das Ganze dann geteilt durch 2.

Also die Figur A hat als Grundlinie 13 Kästchen und als Höhe 5. Daher ist die Fläche der Figur A (falls es ein Dreieck wäre) $13 \cdot 5 \div 2 = 32{,}5$.

Nun betrachten wir die Flächen der einzelnen Formen.

Das große Dreieck 1 hat eine Fläche von 12 Kästchen. Das kleine Dreieck 2 hat 5 Kästchen. Figur 3 hat 7 Kästchen und Figur 4 hat 8 Kästchen. Zählen wir dies nun zusammen, so bekommen wir $12 + 5 + 7 + 8 = 32$ Kästchen.

Seltsam, die Figur A hat (falls es ein Dreieck wäre) eine Fläche von 32,5 Kästchen und die Summe der Einzelteile hat nur 32 Kästchen.

Die Erklärung liegt in einem ganz kleinen Knick zwischen den beiden Dreiecken.

Erinnern sie sich noch an die Steigung?

Dreieck 1 hat eine Steigung von 3/8 (3 Kästchen hoch und 8 Kästchen lang) $= 0{,}375 = 37{,}5\ \%$.

Dreieck 2 hat eine Steigung von 2/5 (2 Kästchen hoch und 5 Kästchen lang) $= 0{,}4 = 40\ \%$.

Falls Figur A ein Dreieck wäre, so hätte es eine Steigung von 5/13 (5 Kästchen hoch und 13 Kästchen lang) = 0,385 = 38,5 %.

Diese 3 Steigungen liegen sehr nahe beieinander, sind aber trotzdem nicht gleich. Daher hat die Figur A bei der Berührung der beiden Dreiecke einen ganz ganz kleinen Knick und ist in Wirklichkeit ein unregelmäßiges Viereck. Diese kleine Ausbeulung erklärt auch den Flächenunterschied und wieso es bei Figur B eine Lücke gibt.

Alles klar? Was haben wir gelernt? Wir haben gelernt, dass man manchmal sehr genau hinschauen muss, wenn man nicht in die Irre geleitet werden will.

Die fehlende Kuh

Bauer Huber hat eine Frau, drei Söhne und 17 Kühe. Eines Tages wird Bauer Huber völlig überraschend von einem kleinen Meteoriten erschlagen. Seine Frau und die Söhne sind stark betroffen, doch das Leben muss weitergehen. „

Bauer Huber hat ein Testament hinterlassen. In dem Testament steht: *„Meiner lieben Frau Erna hinterlasse ich unser kleines Barvermögen und das Anwesen unseres Bauernhofes. Mein Sohn Anton soll die Hälfte meiner Kühe erhalten, mein Sohn Berti soll ein Drittel der Kühe erhalten, und mein kleiner Sohn Christian erhält ein Neuntel meiner Kühe. Des Weiteren erhält Pfarrer Grossglauber mein Motorrad. Bitte vergesst mich nicht. Euer Bauer Huber."*

Nachdem die Trauer etwas vergangen war, wollen die drei Söhne die Aufteilung der 17 Kühe festlegen. Allerdings merken sie bald, dass man 17 Kühe nicht halbieren kann, es sei dem man schneidet eine Kuh in der Mitte durch. Man kann die 17 auch nicht durch 3 teilen, um das Drittel von Berti zu ermitteln. Auch Christian erkennt, dass man sein Neuntel nicht ermitteln kann, da man 17 auch nicht durch 9 teilen kann. Was nun?

Eine Woche später holt Pfarrer Grossglauber sein Motorrad ab und die drei Söhne schildern dem Pfarrer ihr Problem. Dem Pfarrer fällt aber spontan auch keine Lösung ein. Am nächsten Morgen kommt der Pfarrer jedoch zurück an den Hof und hat eine weitere Kuh dabei, die er sich vom Bauer Maier ausgeliehen hat.

Die drei Söhne sind erstaunt als sie den Pfarrer mit der Kuh sehen. Der Pfarrer sagt, dass mit der zusätzlichen Kuh das Problem einfach zu lösen sei. Anton hat Bedenken, da sie ja nicht einfach die Kuh vom Bauer Maier mit verteilen können. Allerdings meint der Pfarrer, dass dies auch nicht nötig sei.

Also haben sie nun 17 + 1 = 18 Kühe. Anton bekommt die Hälfte, also 9 Kühe. Berti bekommt ein Drittel, also 18 ÷ 3 = 6 Kühe. Christian erhält ein Neuntel, also 18 ÷ 9 = 2 Kühe.

Pfarrer Großklauber rechnet nun 9 Kühe für Anton plus 6 Kühe für Berti und 2 Kühe für Christian ergibt 9 + 6 + 2 = 17 Kühe. „Also hat jeder seinen Anteil und die 18. Kuh bring ich wieder zum Bauern Maier zurück" sagt der Pfarrer.

Problem gelöst, aber wie kann das angehen?

Die Lösung ist im nächsten Abschnitt, aber lassen sie sich etwas Zeit und denken sie noch einmal nach, bevor sie weiterlesen.

Lösung: Wenn man ein Ganzes in Teile aufteilt, so ergibt natürlich die Summe der Einzelteile wieder das Ganze (siehe Kapitel „Basics" zum Thema Bruchrechnen).

Bei den Zahlenwerten der Kuhaufteilung ist dies aber nicht der Fall, den $1/2 + 1/3 + 1/9$ ergibt nicht 1, sondern nur $17/18 = 0{,}94444...$ Insofern hat Bauer Huber nicht all seine Kühe aufgeteilt, sondern nur $17/18$ seiner Kühe. Durch die Hinzunahme der 18. Kuh konnte man die Verteilung zumindest anwenden. Da $17/18$ aufgeteilt wurden, blieb $1/18$ (sprich eine Kuh) wieder übrig. Auch hier gilt wieder, richtig hinhören, bevor wir - wie wild - anfangen herum zu rechnen.

Eine Rasur gefällig?

Die folgende Geschichte und Fragestellung sind nicht von mir, sondern von dem britischen Mathematiker Bertrand Russell. Herr Russell gilt auch als einer der Väter der Mengenlehre. Russel hat sich recht viele Gedanken zu unterschiedlichen Themen gemacht, egal ob dies eine Relevanz für uns Menschen hat oder auch nicht. Aber so sind die Mathematiker nun einmal und spendieren viel Zeit für unnütze Dinge.

Herr Russell, der meines Wissens keinen Bart trug, fragte sich 1918 folgendes:

„Man kann einen Barbier als einen definieren, der all jene und nur jene rasiert, die sich nicht selbst rasieren.

Die Frage ist: Rasiert der Barbier sich selbst?" [9]

Also noch einmal im Klartext, Herr Russel beschäftigte sich mit einem Bartschneider. Dieser besagte Bartschneider rasierte nur die, und davon alle, die sich nicht selbst rasieren. Das heißt, falls sich jemand selbst rasiert, dann rasierte ihn der Bartschneider nicht. Wenn sich jemand nicht selbst rasiert, dann rasiert ihn der Bartschneider. Ergibt ja irgendwie Sinn, oder?

Was ist aber nun mit dem Bartschneider selbst. Wenn er sich nicht selbst rasiert, dann musste er sich ja rasieren, weil er ja alle rasiert, die sich nicht selbst rasieren. Wenn er sich aber selbst rasiert, dann darf er sich nicht rasieren. Also was nun? Rasiert er sich selbst oder nicht? Ich möchte nicht in der Haut dieses Bartschneiders stecken. Wahrscheinlich hat der arme Kerl schon einen Bart bis zum Erdboden, weil er nicht weiß, ob er darf oder muss.

Haben sie eine Lösung? Was machen wir jetzt? Rasieren oder nicht rasieren, das ist hier die Frage, wie schon Shakespeare sagte. Herr Russel hat sich auch lange mit dieser Frage herumgeschlagen, was gäbe es sonst auch Wichtigeres zu tun. Und es gelang ihm sogar zu beweisen, dass diese Frage nicht beantwortet werden kann. Daher ging seine Geschichte auch als das Barbier-Paradoxon in die Geschichte der Mathematik ein.

Was wollte ich ihnen damit sagen? Ich wollte ihnen zeigen, dass sie sich in Situationen begeben können, je nachdem wie sie Dinge formulieren, die eine unauflösbare Aufgabe nach sich ziehen können. Daraus folgt auch, dass die Aussage „Alles kann man beantworten oder lösen" nicht stimmt, da es einfach auch unlösbare Dinge gibt. Sie können ja, wenn sie das nächste Mal zu ihrem Friseur gehen fragen, ob er sich seine Haare selbst schneidet.

Dann verklage ich dich halt

Den folgenden Sachverhalt habe ich mal in einer Zeitung gelesen. Mal sehen was sie dazu meinen und wie sie damit umgehen wollen.

Martin wollte gerne nach dem Abitur Anwalt werden, allerdings konnte er sich Studium und Ausbildung nicht leisten. Seine Tante Erna zahlt ihm das Studium und vereinbart mit Martin, dass Martin ihr dies zurückzahlen wird, wenn Martin seinen ersten Fall als Anwalt gewinnen wird. Martin stimmt dem zu und die beiden halten dies sogar schriftlich fest.

Martin beendet sein Jurastudium mit dem 2. Staatsexamen und wird als Anwalt zugelassen. Allerdings merkt er, dass ihm Jura doch irgendwie zu trocken ist. Daher beschließt er, anstelle einer Anstellung als Anwalt, einen Currywurst-Imbiss zu eröffnen.

Seine Tante Erna ist sehr enttäuscht und möchte von Martin, dass er ihr die Studienfinanzierung zurückzahlt. Martin erklärt seiner Tante, dass er das erst tun wird, wenn er einen Fall als Anwalt gewonnen hat. Da dies bisher nicht der Fall war, müsse er auch nichts zurückzahlen.

Erna will dies nicht hinnehmen und verklagt Martin. Martin will Geld sparen und verteidigt sich selbst, da er ja Anwalt ist. Aber wie kann dies nun enden?

Stimmt der Richter Erna zu, dann hat Martin ja immer noch nicht einen Fall gewonnen und müsste - basierend auf der Vereinbarung - ja noch nichts zurückzahlen. Allerdings hat der Richter ja Recht gesprochen und er muss sich dem beugen.

Stimmt der Richter Erna nicht zu, dann müsste er ja - laut Gerichtsurteil - nichts zurückzahlen. Allerdings hätte er dann seinen ersten Fall als Anwalt gewonnen, und müsste zurückzahlen, da er sich an die Vereinbarung halten möchte.

Also was nun?

Beide Argumentationsketten sind logisch und es ist kein Widerspruch erkennbar. Auch in diesem Beispiel kommen wir wieder an die Grenzen der Logik und haben ein Dilemma, ähnlich wie bei dem Beispiel des

Bartschneiders. Letztlich wird sich Martin natürlich dem Urteil des Richters beugen, da dieser dies ja entsprechend durchsetzen könnte. Aber nach der reinen Logik ist diese Fragestellung nicht lösbar und daher ein Paradoxon. Die Herkunft des Wortes Paradox liegt wieder bei den alten Griechen, die sich gerne mit solchen Gedankenspielen beschäftigt haben (siehe auch das nächste Kapitel über Logik). Paradox bedeutet wörtlich „wider Erwarten" und beschreibt einen Sachverhalt, der auf einen Widerspruch hindeutet, der nicht lösbar ist. Aber vielleicht läuft der Curry Wurst Imbiss von Martin ja besser als erwartet und er verständigt sich mit Erna auf eine teilweise Rückzahlung aus den Currywurst-Verkaufserlösen.

8. Ist doch logisch

Ich nehme an, sie haben sicher schon einmal gesagt „Ist doch logisch!". Aber was ist logisch? Ich habe vor Kurzem eine nette Karikatur im Internet dazu gefunden. Die Karikatur zeigt die Unterhaltung eines Ehepaars. Die Ehefrau sagt darin zu ihrem Ehemann „Weißt du was dein Problem ist? Ich kann es dir sagen. Du verstehst nämlich einfach die „Unlogik" nicht." Also wieder ernsthaft, was ist logisch und was unlogisch? Sie meinen, dass dies doch auf der Hand liegt. Aber ich höre häufig unlogische Folgerungen. Speziell, wenn ich manche Verschwörungstheoretiker mit ihren abenteuerlichen Folgerungen höre, dann denke ich, hätten die Eltern dieser Person doch nur ein Kondom benutzt, dann wäre uns manches erspart geblieben. Aber wir wollen ja nicht abschweifen und beim Thema bleiben.

Erinnern sie sich noch an Marion, die mit dem neuen Handy aus einem früheren Kapitel in diesem Buch? Marion plant zu ihrem 18. Geburtstag eine Party und wünscht sich, dass Kevin kommt. Zu ihrer Freundin sagt sie „Ich weiß, wenn Kevin kommt, dann mag er mich" und kichert. Die Party kam, aber Kevin kam nicht. Marion ist traurig und schließt nun daraus, dass Kevin sie nicht mag. Aber ist dies eine logische und richtige Schlussfolgerung? Nein, es ist keine. Kevin kam nicht, weil seine Oma einen Schlaganfall hatte, er den Rettungsdienst benachrichtigten musste und dann bei ihr im Krankenhaus war. Vor lauter Aufregung hatte er vergessen Marion telefonisch abzusagen.

Wie schon oft in diesem Buch benutzen wir wieder ein Wort mit einem Ursprung im alten Griechenland. Diese Griechen haben die Mathematik ganz schön im Griff gehabt. Aber ist ja „logisch", denn während die alten Germanen Vorräte für den Winter sammeln mussten, so lagen die alten Griechen am Strand, tranken Retsina Wein, und diskutierten über die wahren Probleme des Lebens. Logik bedeutet die „denkende Kunst" und beschreibt die Vorgehensweise für das Ziehen von richtigen und sinnvollen Schlussfolgerungen. Interessant, dass hier das Wort Kunst auftaucht.

Logik hat ein breites Spektrum. Wir wollen in diesem Buch allerdings nur zwei Dinge anreisen. Zum einen gehen wir kurz auf Herrn Bool ein, der die „Boolsche Algebra" erfunden hat und dann gehen wir 2300 Jahre zurück und diskutieren ein paar klassische Logik „Basics", die sich Aristoteles, Platon und andere Kollegen bei einem Glas Retsina am Strand einfallen ließen.

Die Boolsche Logik

Also zu Herrn Bool. Bool war Engländer und lebte im 19. Jahrhundert. Er dachte sich eine Formalisierung aus, wie man „logische" Dinge am bestens mathematisch darstellen kann und damit „rechnen" kann. Denken sie dran, Mathematiker sind faule Leute, und wollen immer recht wenig schreiben. Mit dieser Formalisierung können wir dann auch „berechnen", ob etwas logisch ist oder nicht. Sie haben richtig gelesen, wir wollen nicht nur intuitiv bestimmen, ob etwas logisch ist, sondern wir rechnen das einfach aus. Cool, oder?

Schauen wir uns einige dieser Formulierungen etwas näher an. Da wir nicht ständig „wahr" und „falsch" schreiben wollen, legen wir einfach fest, dass wir „wahr" durch eine „1" repräsentieren und „falsch" durch eine „0".

Wenn zwei Aussagen, nennen wir diese A und B, gleichzeitig wahr sein müssen, dann formulieren wir dies als: A UND B oder A ∧ B. Das heißt, das Ergebnis von A ∧ B ist nur dann wahr, wenn sowohl A wie auch B wahr sind. Ansonsten ist das Ergebnis falsch. Also A ∧ B:

$0 \wedge 0 = 0$

$0 \wedge 1 = 0$

$1 \wedge 0 = 0$

$1 \wedge 1 = 1$

Wenn eine oder beide Aussagen A und B wahr sein müssen, dann formulieren wir dies als: A ODER B oder A ∨ B. Das heißt, das Ergebnis von A ∨ B ist dann wahr, wenn mindestens eine der Aussagen wahr ist. Ansonsten ist das Ergebnis falsch. Also A ∨ B:

$0 \vee 0 = 0$

$0 \vee 1 = 1$

$1 \lor 0 = 1$

$1 \lor 1 = 1$

Aufgepasst, im täglichen Leben benutzen wir „oder" meist als „entweder oder". In der Mathematik bedeutet „oder" aber auch, dass beide Dinge eintreffen oder wahr sein können. Das heißt, wenn ein Mathematiker sagt „Es gibt Eis oder Pudding zum Nachtisch" dann kann es auch beides geben. Daher immer abklären, welches „oder" nun gemeint ist. „Entweder-oder" wird in der Mathematik dargestellt als:

$(\neg A \land B) \lor (A \land \neg B)$

Die negierte Aussage zu A formulieren wir als: NICHT A oder ¬A. Das heißt, wenn A wahr ist, dann ist ¬A falsch. Das Ganze gilt natürlich auch umgekehrt. Also:

$\neg\, 0 = 1$

$\neg\, 1 = 0$

Wenn eine Aussage A eine Aussage B zur Folge hat, dann formulieren wir dies als:

AUS A FOLGT B oder A → B

Jetzt haben wir fast unser Handwerkzeug zusammen. Damit können wir dann komplexe logische Zusammenhänge einfacher beschreiben, und damit dann etwas herumrechnen.

Machen wir ein Beispiel:

Aussage K: Kevin kommt zur Party

Aussage T: Tina kommt zur Party

Aussage A: Es kommen Kevin und Tina zur Party, oder Kevin kommt und Tina kommt nicht.

Die Formulierung für A ist daher: $A = (K \land T) \lor (K \land \neg T)$

Wir überprüfen nun, ob die Aussage A wahr ist, wenn Tina und Kevin kommen, das heißt T=1 und K=1.

$(K \wedge T) \vee (K \wedge \neg T) =$

$(1 \wedge 1) \vee (1 \wedge \neg 1) =$

$(1) \vee (1 \wedge 0) =$

$(1) \vee (0) =$

$1 \vee 0 = 1$

Die Aussage A ist daher wahr.

Wir überprüfen nun, ob die Aussage A auch wahr ist, wenn beide Tina und Kevin nicht kommen, das heißt T=0 und K=0

$(K \wedge T) \vee (K \wedge \neg T) =$

$(0 \wedge 0) \vee (0 \wedge \neg 0) =$

$(0) \vee (0 \wedge 1) =$

$(0) \vee (0) =$

$0 \vee 0 = 0$

Die Aussage A ist dann falsch.

Sie werden sagen, dass sie dies auch ohne Rechnung intuitiv wussten. Da stimme ich zu, allerdings bleibt die Intuition oft auf der Strecke, wenn die Dinge komplexer werden.

Nun noch zwei kurze Überlegungen, bevor wir endlich mit unseren Griechen ein Glas Retsina trinken werden. Es gibt Aussagen, die sind immer wahr. Zum Beispiel ist die Aussage: „Kevin kommt oder Kevin kommt nicht" immer wahr. Solche Aussagen nennt man eine Tautologie und schreibt sie als:

(K ∨ ¬K).

Es gibt Aussagen, die sind immer falsch. Zum Beispiel ist die Aussage: „Kevin kommt und Kevin kommt nicht" immer falsch. Solche Aussagen nennt man einen Widerspruch und schreibt sie als:

(K ∧ ¬K).

Die fünf klassischen Schlussregeln

Nun die Badehose oder den Badeanzug anziehen und ein Glas mitbringen. Wir sind bei den Griechen! Die Griechen haben viele Überlegungen zum Ziehen von Schlüssen diskutiert und formuliert. Die bekanntesten sind die sogenannten „fünf klassischen Schlussregeln". Diese Schlussregeln haben - herkunftsbedingt - natürlich griechischen Namen.

Die bekannteste dieser Regeln heißt **„modus ponens"**. Sie benutzen diese Regel wahrscheinlich ständig, obwohl sie sich des Namens dieser Regel eventuell nicht bewusst sind. Was sagt diese Regel nun aus?

Fangen wir mit einem Beispiel an:

1. Wenn der Wecker klingelt dann stehe ich auf.

2. Der Wecker klingelt.

3. Ich stehe auf.

Klingt trivial, oder? Ignorieren wir mal, dass es viele Menschen gibt, die erst einmal auf „Snooze" drücken und den Wecker mehrmals klingeln lassen.

Formulieren wir dies nun etwas abstrakter anhand der Dinge, die wir von Herrn Bool gelernt haben:

modus ponens:

1. A → B

2. A

3. Dann B

Noch ein paar Beispiele dazu:

Wenn die Autobahn frei ist dann fahre ich schnell. Die Autobahn ist frei. Dann fahre ich schnell.

Wenn der Käse stinkt dann werfe ich ihn den Müll. Der Käse stinkt. Dann werfe ich ihn in den Müll.

Sie meinen, das sei ja „logisch". Ja ist es, aber warten sie ab, es kommt noch mehr. Sie benutzen meistens den „modus ponens", wenn sie sagen „Ist ja logisch". Sie können sich ja auf der nächsten Party hervortun und sagen „aufgrund des modus ponens hätte ich gerne noch ein Bier".

Allerdings Vorsicht. Sie dürfen dies nicht einfach umdrehen. Dies ist keine schlüssige Folgerung. Drehen wir das letzte Beispiel mit dem Käse um.

Hier die Ursprungsaussage: Wenn der Käse stinkt, dann werfe ich ihn den Müll. Der Käse stinkt. Dann werfe ich ihn in den Müll.

Daraus kann man **NICHT** schlüssig folgern: Wenn ich den Käse in den Müll werfe, dann muss er stinken.

Diese umgekehrte Aussage ist nicht schlüssig, da ich den Käse, obwohl er nicht stinkt, in den Müll werfen kann, weil ich seit heute beschlossen habe Veganer zu werden.

Gehen wir nun zum „**modus tollens**" über. Diese Schlussregel wird oft als „indirekter Bewies" bezeichnet.

Bleiben wir bei dem ersten Wecker Beispiel.

1. Wenn der Wecker klingelt dann stehe ich auf.

2. Ich stehe nicht auf

3. Dann hat der Wecker nicht geklingelt.

Allgemein formuliert man das so:

modus tollens:

1. $A \rightarrow B$

2. $\neg B$

3. Dann $\neg A$

Zurück zum Käse:

1. Wenn der Käse stinkt dann werfe ich ihn den Müll.

2. Ich werfe den Käse nicht in den Müll.

3. Dann stinkt der Käse auch nicht.

Logisch?

Dann geht es weiter zum **Kettenschluss**. Diesen Schluss haben sie sicher auch schon häufig benutzt.

Machen wir ein Beispiel dazu:

1. Wenn der Wecker klingelt, dann steh ich auf

2. Wenn ich aufstehe, dann gehe ich zuerst ins Bad

3. Wenn der Wecker klingelt, dann gehe ich zuerst ins Bad

Abstrakt formuliert man das so:

Kettenschluss

1. A → B

2. B → C

3. Dann A → C

Also nochmals:

1. Wenn ich zu viel Chips esse, dann werde ich dick.

2. Wenn ich dick werde, dann wird meine Hose spannen.

3. Wenn ich zu viel Chips esse, dann wird meine Hose spannen.

Super, die ersten drei Modi hätten wir.

Machen wir mit dem „**modus tollendo ponens**" weiter und machen wir, wie üblich, ein Beispiel dazu:

1. Ich zahle die Rechnung entweder bar oder mit Kreditkarte.

2. Ich zahle nicht bar.

3. Ich zahle daher mit Kreditkarte.

Abstrakt formuliert man das so:

<u>modus tollendo ponens:</u>

1. A ∨ B

2. ¬A

3. Dann B

Fertig für den nächsten Logik Modus? Bei diesem Modus geht es um Widerspruch, daher heißt dieser Modus **„reductio ad absurdum"**. Der Grundgedanke hier ist von einer Behauptung auf einen Widerspruch zu folgern, und dann daraus zu folgern, dass die gegenteilige Behauptung zutrifft. Verstanden? Also noch einmal anders formuliert. Wenn ein Widerspruch aus einer Annahme hergeleitet wird, dann hätte dies die Konsequenz, dass der Widerspruch wahr sein müsste, wenn die Annahme wahr ist. Da ein Widerspruch aber nicht wahr sein kann, kann dann auch die Annahme nicht wahr sein.

Machen wir ein Beispiel dazu:

1. Alle Menschen sind Frauen. Dann wäre ich auch eine Frau, da ich ja ein Mensch bin. Dies ist aber ein Widerspruch zu der Aussage „Alle Menschen sind Frauen", da ich ein Mann bin.

2. Daraus folgt, dass nicht alle Menschen Frauen sind.

Abstrakt formuliert man das so:

<u>reductio ad absurdum:</u>

1. ¬A → (B ∧ ¬B) Widerspruch

2. A

Nochmals ein Beispiel:

1. Alle Menschen haben Haare am Kopf. Mein Onkel Hermann ist ein Mensch und hat eine Glatze. Dies ist daher ein Widerspruch zu der Aussage „Alle Menschen haben Haare am Kopf".

2. Daraus folgt, dass nicht alle Menschen Haare am Kopf haben.

Speziell Aristoteles hat diese Überlegungen und Schlussfolgerung noch viel weiter detailliert und entwickelt. Er hat vieler dieser Modi miteinander kombiniert und noch komplexere Bedingungen einbezogen. So hat er Aussagen qualifiziert durch die Zusätze von „einige", „alle", „keine" etc. Wer Interesse hat, in dieses Thema, tiefer einzusteigen, der kann im Internet nach „Syllogismen des Aristoteles" suchen und wird dort schnell fündig. Syllogismen sind zusammengesetzte logische Schritte. Hier einige Anwendungsbeispiele zu diesen Syllogismen aus Wikipedia [10].

1. Keine Münchner sind Passauer

2. Einige Münchner sind Studenten

3. Daraus folgt: Einige Studenten sind nicht Passauer

Oder

1. Alle Passauer sind Bayern

2. Keine Bayern sind Sachsen

3. Daraus folgt: Keine Sachsen sind Passauer

So machen wir ein finales Beispiel zu dem Thema. Betrachten wir folgende Aussagen (oder Ereignisse):

Wenn:

Bärbel und Christine kommen und Detlef nicht kommt

oder

Erna und Detlef kommen

dann gibt es eine Party.

Definieren wir Aussage A als: „Bärbel und Christine kommen und Detlef kommt nicht oder Erna und Detlef kommen" und Aussage P als „Es gibt eine Party".

Es gilt also, aus A folgt P: $A \rightarrow P$

Definieren wir folgende Teilereignisse:

B: Bärbel kommt

C: Christine kommt

D: Detlef kommt

E: Erna kommt

Dann ist Aussage $A = (B \wedge C \wedge \neg D) \vee (E \wedge D)$

Dann gilt: $(B \wedge C \wedge \neg D) \vee (E \wedge D) \rightarrow P$

Nun, die Party findet allerdings nicht statt.

Wir sehen natürlich sofort, dass wir es dann mit einem modus tolles zu tun haben.

modus tollens:

1. $A \rightarrow P$

2. $\neg P$

3. Dann $\neg A$

Also muss unsere Aussage

$A = (B \wedge C \wedge \neg D) \vee (E \wedge D)$ falsch sein bzw.

die negierte Aussage $\neg A = \neg ((B \wedge C \wedge \neg D) \vee (E \wedge D))$ wahr sein.

Jemand behauptet nun, dass Bärbel, Christine, und Detlef kamen, allerdings Erna nicht dort war.

Kann dies stimmen? Bekommen sie dies intuitiv hin? Wenn nicht, dann rechnen wir es einfach aus und überprüfen, ob $\neg A = \neg ((B \wedge C) \wedge \neg D \vee (E \wedge D))$ wahr ist unter diesen Umständen.

Setzen wir einfach die Wahrheitswerte der Teilaussagen in unsere Aussage A ein.

B = 1, Bärbel kam

C = 1, Christine kam

D = 1, Detlef kam

E = 0, Erna kam nicht.

$\neg A = \neg ((B \wedge C \wedge \neg D) \vee (E \wedge D)) =$

$\neg ((1 \wedge 1 \wedge \neg 1) \vee (0 \wedge 1)) =$

$\neg ((1 \wedge 1 \wedge 0) \vee (0 \wedge 1)) =$

$\neg ((1 \wedge 0) \vee (0)) =$

$\neg (0 \vee 0) =$

$\neg (0) =$

1

Das heißt die Behauptung, dass Bärbel, Christine, und Detlef kamen, allerdings Erna nicht dort war kann durch aus stimmen und wäre logisch. Allerdings heißt dies aber nicht, dass dies die einzige Lösung sein muss, denn es könnte auch noch andere logische Konstellationen geben. Wie sie aus dem Kapitel „Kombinatorik" wissen, gibt es bei 4 Personen $2^4 =$ 16 Konstellationen. Diese müssten sie alle durchrechnen.

Wie sie sehen, können sie damit errechnen, ob was logisch ist oder nicht. Natürlich sollten sie ihre gute Intuition trotzdem nicht abgeben. Aber manchmal ist ausrechnen doch sicherer.

Wenn sie diese 5 Schlussfolgerungsmodi und ein bisschen von Herrn Bool beherzigen, dann sollten sie in der Lage sein, viele Dinge richtig zu folgern und falsche Folgerungen aufzuspüren. Logisch, oder?

Übrigens, falls sie Mathematiker kennen, dann sollten sie auch etwas rücksichtsvoll sein, wenn aufgrund von knallharter Logik, Dinge anders enden wie sie es sich gedacht haben. Ein Kollege erzählte mir einmal, dass seine Frau sich über ihn geärgert hat. Also fragte ich was los war. Er schilderte mir die Geschichte, in der ihm seine Frau bat, noch 1 Stück Butter aus dem Supermarkt auf dem Nachhauseweg mitzubringen. Sie sagte zu ihm „Bitte bring ein Stück Butter mit. Wenn sie frische Eier haben, dann nimm bitte 6". Als er dann mit 6 Stück Butter heimkam, da es im Supermarkt auch frische Eier gab, verstand sie seine Logik einfach nicht, obwohl er einfach nur den modus ponens angewandt hat.

Das Geburtstagsrätsel

Bevor wir die Logik nun verlassen, versuchen wir uns noch an einem Logik-Rätsel. Nachdem sie nun messerscharf logisch kombinieren können, sollte dies ja kein Problem sein.

Das Rätsel habe ich im Internet gefunden. Es stammt von Professor Albrecht Beutelspacher vom Fachbereich Mathematik der Uni Gießen [21].

Auf geht's.

„Nachträglich herzlichen Glückwunsch zum Geburtstag!", sagt der Assistent zu seinem Professor und gibt ihm eine Schachtel. „Hier drin ist für jedes Ihrer Lebensjahre eine Praline."

„Vielen Dank", antwortet der Professor. „Ich habe gestern meinen Geburtstag mit meiner Frau und meinen beiden Nichten gefeiert. Es fiel mir auf, dass die drei Damen zusammen genau zweimal so alt sind wie Sie. Und ihr Alter multipliziert, ergibt 2450. Dabei zähle ich nur die vollen Lebensjahre. Können Sie mir sagen, wie alt meine beiden Nichten sind?"

Nach kurzem Überlegen erwidert der Assistent: „Sie haben mir noch nicht genügend erzählt!"

„Da haben Sie recht", entgegnet der Professor, „aber, wenn ich Ihnen nun sage, dass ich der Älteste von uns Vieren war, so wissen Sie alles nötige."

Wie alt ist der Professor?

Sie müssen für die Lösung erst einmal etwas herumrechnen und dann ein paar knallharte logische Schlüsse ziehen. Viel Spaß und nehmen sie sich etwas Zeit bevor sie zur Lösung auf die nächste Seite umblättern.

Lösung:

Da wir nicht so viel schreiben wollen, sie erinnern sich ja, dass Mathematiker faul sind, definieren wir ein paar Variablen, mit denen wir später rechnen werden.

n_1 sei das Alter der ersten Nichte

n_2 sei das Alter der zweiten Nichte

f sei Alter der Frau des Professors

p sei das Alter des Professors und

a sei das Alter des Assistenten.

Der Professor sagt: „Es fiel mir auf, dass die drei Damen zusammen genau zweimal so alt sind wie Sie". Daher wissen wir, das:

$n_1 + n_2 + f = 2 \cdot a$ sein muss.

Außerdem sagt der Professor: „Und ihr Alter multipliziert, ergibt 2450". Daher wissen wir, das:

$n_1 \cdot n_2 \cdot f = 2450$ sein muss.

Die Variablen n_1, n_2, f, p und a sind ganze Zahlen, da nur die vollendeten Lebensjahre zählen.

Der Professor ist der Älteste in der Geburtstagsrunde, also gilt:

$n_1 \leq n_2 \leq f < p$

Überlegen wir nun wie wir die Zahl 2450 zerlegen können:

$2450 = 2 \cdot 5 \cdot 5 \cdot 7 \cdot 7$

Das Alter der Nichten und der Frau kann nur eine Kombination aus den Teilern der Zahl 2450 sein. Folgende (sinnvolle) Kombinationen sind möglich, die Vertauschungen zwischen n_1 und n_2 werden nicht mit aufgeführt:

1) $n_1 = 2$, $n_2 = 5 \cdot 7 = 35$, $f = 5 \cdot 7 = 35$

Summe $= 2 + 35 + 35 = 72$

a = 72 ÷ 2 = 36

2) n_1 = 2, n_2 = 5 · 5 = 25, f = 7 · 7 = 49

Summe = 2 + 25 + 49 = 76

a = 76 ÷ 2 = 38

3) n_1 = 5, n_2 = 5, f = 2 · 7 · 7 = 98

Summe = 5 + 5 + 98 = 108

a = 108 ÷ 2 = 54

4) n_1 = 5, n_2 = 7, f = 2 · 5 · 7 = 70

Summe = 5 + 7 + 70 = 82

a = 82 ÷ 2 = 41

5) n_1 = 5, n_2 = 2 · 5 = 10, f = 7 · 7 = 49

Summe = 5 + 10 + 49 = 64

a = 64 ÷ 2 = 32

6) n_1 = 5, n_2 = 2 · 7 = 14, f = 5 · 7 = 35

Summe = 5 + 14 + 35 = 54

a = 54 ÷ 2 = 27

7) n_1 = 7, n_2 = 7, f = 2 · 5 · 5 = 50

Summe = 7 + 7 + 50 = 64

a = 64 ÷ 2 = 32

8) n_1 = 7, n_2 = 2 · 5 = 10, f = 7 · 5 = 35

Summe = 7 + 10 + 35 = 52

a = 52 ÷ 2 = 26

9) n_1 = 7, n_2 = 2 · 7 = 14, f = 5 · 5 = 25

Summe = 7 + 14 + 25 = 46

$a = 46 \div 2 = 23$

Diese 9 Möglichkeiten stellen alle möglichen und sinnvolle Alter der Nichten n_1 und n_2, der Frau f, sowie des Assistenten a dar. Eines dieser neun ist die Lösung. Aber welche?

Der Assistent kennt das Alter des Professors, da er ihm eine Schachtel mit Pralinen überreicht, deren Anzahl dem Alter des Professors entspricht. Selbstverständlich kennt der Assistent auch sein eigenes Alter.

Die Rückfrage des Assistenten beim Professor bedeutet, dass es sich um Möglichkeiten 5. oder 7. handeln muss. In beiden Möglichkeiten wäre der Assistent 32 Jahre alt. Da er nachfragen muss, kann die Lösung nicht Nr. 1, 2, 3, 4, 6, 8, oder 9. sein. Bei diesen Lösungen kommt jeweils ein eindeutiges Alter des Assistenten heraus. Er müsste daher nicht nachfragen. Da er nachfragen muss, kann das Ergebnis nicht eindeutig sein. Daher kommen nur Nr. 5 und Nr. 7 in Betracht und wir wissen bereits, dass der Assistent 32 Jahre ist.

Insofern kommen nur noch 2 Möglichkeiten in Betracht für das Alter der Nichten und der Frau des Professors:

$n_1 = 5$, $n_2 = 10$, $f = 49$

oder

$n_1 = 7$, $n_2 = 7$, $f = 50$

Wie entscheiden wir nun welche dieser beiden Möglichkeiten die richtige Lösung darstellt?

Wenn der Professor älter als 50 Jahre ist, würde dem Assistenten die Information, dass er der Älteste ist nicht weiterhelfen. In diesem Fall könnte die Frau des Professors 49 oder 50 Jahre alt sein. Der Professor behauptet: „aber, wenn ich Ihnen nun sage, dass ich der Älteste von uns Vieren war, so wissen Sie alles nötige", so muss diese Information zur eindeutigen Lösung führen.

Das kann nur der Fall sein, wenn der Professor genau 50 Jahre alt ist. Dann scheidet Lösung 7 aus, da der Professor älter ist wie seine Frau.

Es kommt daher nur Lösung 5 infrage, d.h.:

- die Frau des Professors ist 49 Jahre alt

- der Professor ist 50 Jahre alt

- die beiden Nichten sind 5 und 10 Jahre alt.

Gelöst! Dazu war ein bisschen Rechnen, ein bisschen Knobeln und ein wenig Logik notwendig.

Und damit ist wirklich Schluss mit der Logik und wir lassen es etwas „abstruser" werden.

9. Jetzt wird es wirklich abstrus

Willkommen beim letzten Kapitel. Ich hoffe, sie sind nicht direkt vom 1. Kapitel hier hergesprungen. Zum Schluss wollen wir noch 2 Dinge andiskutieren, die etwas abstrus klingen. Abstrus kann man ja deuten als verworren, schwer verständlich. Abstrusus im Latein heißt versteckt oder verborgen. Daher kann eine abstruse Idee ja durchaus sinnvoll sein, allerdings muss man erst einiges aus dem Verborgenen herausholen. Genug der Spannung. Fangen wir an mit dem Abstrusen.

Soll ich den Dollar für drei Dollar ersteigern?

Jetzt machen wir einen kleinen Ausflug in ein weiteres relativ junges Gebiet der Mathematik. In dem Kapitel über die Regenwahrscheinlichkeit hatten wir kurz die Chaostheorie andiskutiert, jetzt reden wir über die sogenannte Spieltheorie. Sie haben richtig gelesen, es geht um eine Theorie für Spiele. Ist doch schon gemein, wenn manche Buchführung, chemische Reaktionen, oder Paragrafen lernen müssen, während die Mathematiker herumspielen dürfen.

Die Spieltheorie ist eine mathematische Theorie, die Entscheidungen von Spielern bewertet und ausarbeitet. Dabei geht es allerdings nicht nur um Spiele im engeren Sinn, sondern um generelle Interaktionen von Beteiligten, die vorgegebene Spielzüge anwenden, um ein bestimmtes Ziel zu erreichen. Dabei wird das Verhalten des einen Spielers natürlich von dem Verhalten der anderen Beteiligten beeinflusst. Allerdings gibt es fest vorgegebene Spielzüge. Daher auch der Name, weil diese Spielzüge und gegenseitige Beeinflussung bei vielen Gesellschaftsspielen zu treffen. Man kann diese Theorie jedoch nicht für ein Fußballspiel verwenden, da die möglichen Spielzüge im Fußball nicht exakt vorgegeben sind. Allerdings kann man die Erkenntnisse der Spieltheorie natürlich auf Schach, Pokern und Mensch-Ärge-Dich-Nicht anwenden. Die interessanteren Anwendungen dieser Theorie finden jedoch in der Wirtschaftswissenschaft, in der Psychologie und der Soziologie statt. Bei diesen Spielszenarios wird zwischen kooperativer und nicht kooperativer Spieltheorie unterschieden. Bei der kooperativen Spieltheorie können die Beteiligen Absprachen treffen und gemeinsame Ziele verfolgen, während bei der nicht-kooperativen Spielstrategie jeder nur auf sich fokussiert entscheidet und handelt. Ziel der Spieltheorie ist es dann die besten Strategien gewissermaßen „auszurechnen".

Ich weiß nicht, ob sie gerne gute Filme sehen oder nicht. Einer meiner Lieblingsfilme ist „Beautiful Mind" mit dem, von mir sehr geschätzten, Schauspieler Russell Crowe. Dieser Film gewann 2002 einen Oscar in der Kategorie „Bester Film". Russel Crowe spielt dort den Mathematiker John Nash. John Nash, der übrigens unter einer schizophrenen Psychose litt, hat mit seinem Werk die Spieltheorie maßgeblich beeinflusst und bekam dafür sogar den Nobelpreis. Nash untersuchte in nicht-kooperativen Spielen eine Kombination von Strategien, wobei jeder Spieler genau eine Strategie wählt, von der aus es für keinen Spieler sinnvoll ist, von seiner gewählten Strategie als einziger abzuweichen [11]. Dadurch wird ein Gleichgewicht hergestellt, welches Nash-Gleichgewicht genannt wird. Dieses findet viel Beachtung in Wirtschaftswissenschaften.

Ein klassisches Beispiel, welches bei keiner Diskussion zur Spieltheorie fehlen darf, ist das sogenannte Gefangenen-Dilemma. Haben sie davon schon mal gehört? Dieses Spiel gibt es in mehreren Varianten. Hier eine davon:

Zwei Gauner begehen gemeinsam ein Verbrechen. Allerdings kann ihnen dies nicht direkt nachgewiesen werden. Beide werden jedoch von Polizei und Staatsanwalt verhört und die staatlichen Stellen sind sich sicher, dass die beiden für das Verbrechen verantwortlich sind. Die beiden Verdächtigten können nicht miteinander kommunizieren und sich absprechen. Der Staatsanwalt macht separat beiden Verdächtigen folgende Vorschläge:

1) Wenn ihr beide schweigt, dann werdet ihr beide zumindest eine Freiheitsstrafe von 1 Jahr bekommen wegen verbotenen Waffenbesitzes.

2) Wenn einer von euch alleine gesteht, dann wird er zum Kronzeugen und daher freigelassen, der andere wird jedoch zu fünf Jahren verurteilt.

3) Gesteht ihre beide, dann gibt es keinen Kronzeugen, sondern zwei geständige Verbrecher und beide bekommen drei Jahre Freiheitsstrafe.

Siehe [12] und [13].

Wie würden sie entscheiden? Gestehen oder Schweigen? Es wäre einfacher, wenn sie wüssten, was der andere tun wird. Aber das wissen sie ja nicht.

Kollektiv ist es objektiv für beide vorteilhafter zu schweigen und zu „kooperieren". Individuell ist es vorteilhafter eine Aussage zu machen. Das heißt, dass kollektive und individuelle Betrachtungen zu jeweils unterschiedlichen Entscheidungen führen. Wenn keine Information bzgl. Vertrauen und Kooperationswillen vorhanden ist, dann ist rational die beste Entscheidung zu gestehen, obwohl durch beidseitiges Schweigen ein besseres Resultat erzielt werden könnte.

Übrigens werden sich die Entscheidungen der beiden ändern, wenn sie mehrmals in diese Situation kommen. Das Gleiche trifft natürlich zu, wenn sie sich vorher absprechen können und gegenseitig vertrauen.

Damit genug zum Thema Geständnis. Wechseln wir das Thema und betrachten ein Spiel, dass schon öfters auf Partys gespielt wurde. Wenn sie wollen, können sie dies ja bei ihrer nächsten Geburtstagsparty einmal spielen. Allerdings sollten sie vorsichtig sein. Es kann nämlich sein, dass der eine oder andere Mitspieler nach dem Spiel nicht so gut auf sie zu sprechen ist.

Dieses Spiel wird die „1 Dollar Auktion" genannt und beschreibt gut, wie Spieltheorie auch in der Psychologie eingebracht werden kann. Das Spiel geht zurück auf den Wirtschaftswissenschaftler Martin Joseph Shubik. Alles worum geht es in dieser Auktion?

Die Regeln des Spiels sind einfach. Sie bieten einen Dollar zur Auktion an. Die Auktion endet, wenn kein Bieter das Gebot seines Vorgängers mehr erhöht. Derjenige Bieter, der das höchste Gebot macht, erhält den Dollar und bezahlt sein Gebot. Allerdings muss auch der Bieter, der am zweitmeisten geboten hat, seinen Gebotsbetrag an sie geben, ohne dafür etwas zu bekommen [14]. Verstanden?

Spielen wir das einmal an zwei möglichen Szenarien durch. Sie haben ihre Geburtstagsparty und nach der zweiten Flasche Wein starten sie die Auktion. Nachdem sie keinen Dollar zur Hand haben, nehmen sie einfach eine Euromünze.

Szenario 1:

Anton bietet ihnen 1 Cent.

Bärbel bietet darauf 2 Cent.

Christine bietet nun 5 Cent.

Anton überbietet Christine und bietet 10 Cent.

Es gibt keine weiteren Gebote.

Dann erhält Anton ihre Euromünze und zahlt ihnen 10 Cent. Christine muss ihnen auch 5 Cent geben, erhält aber nichts dafür.

Dies ist zwar ein mögliches Szenario, aber es ist unwahrscheinlich, dass die Auktion so ausgeht. Mehr wahrscheinlich ist daher Szenario 2.

Szenario 2:

Anton bietet ihnen 1 Cent.

Bärbel bietet darauf 10 Cent.

Christine bietet nun 50 Cent.

Anton überbietet Christine und bietet 99 Cent.

Christine bietet nun 1 Euro.

Anton überbietet Christine und bietet 1 Euro und 1 Cent.

Christine überbietet Anton und bietet 1 Euro und 2 Cent.

Anton überbietet Christine und bietet 1 Euro und 3 Cent.

Christine überbietet Anton und bietet 1 Euro und 4 Cent.

…

…

Anton überbietet Christine und bietet 2 Euro und 50 Cent.

Christine ist sauer und bietet nicht mehr.

Es gibt keine weiteren Gebote.

Dann erhält Anton ihre Euromünze und zahlt ihnen 2 Euro und 50 Cent. Christine muss ihnen 2 Euro 49 Cent geben, erhält aber nichts dafür. Das heißt, sie gewinnen 3 Euro 99 Cents, da sie nur einen Euro hergeben müssen, aber 4 Euro 99 Cent einnehmen. Tolle Rendite!

Dieses Spiel wurde in vielen Studien gespielt und im Durchschnitt wurde der Ein-Dollar-Schein für 3,49 Dollar versteigert [15].

Ist das nicht erstaunlich. Sie versteigern 1 Dollar und bekommen im Durchschnitt 3,49 Dollar plus das, was der Zweit-Bietende geboten hat. Also eine tolle Geschäftsidee. Aber ich kann ihnen den Rat geben, dieses Spiel nicht zu oft zu spielen, weil sie sonst bald keine Freunde mehr haben.

Durch die Regeln der Auktion bringt man die Teilnehmer dazu irrational zu handeln, obwohl sie eigentlich alle notwendigen Informationen haben, um sich rational zu verhalten. Aber letztlich will keiner der Zweit-Bietende sein und nur zahlen müssen. Im Verlauf des Spiels wird der Verlust für beide Spieler immer größer und ab einer gewissen Bieter-Phase tritt die Höhe des Verlusts in den Hintergrund und es geht nur noch darum die Versteigerung zu gewinnen und nicht der Zweit-Bietende zu sein.

Probieren sie es mal aus. Wenn sie ihre Freunde behalten wollen, können sie ihnen ja das Geld für ihre Gebote zurückgeben.

Hätten sie dieses Spiel vorher spieltheoretisch untersucht, dann wären sie nicht in diese Falle gelaufen. Spieltheoretisch würden sie entweder gar nicht in dieses Spiel einsteigen oder eine kooperative Strategie wählen. Diese kooperative Strategie würde dann folgendermaßen aussehen. Es bietet nur einer und zwar 1 Cent. Die Auktion wäre damit beendet. Den Gewinn von 99 Cents würde der einzige Bieter dann unter allen Beteiligten, die sich nicht beteiligen, aufteilen.

Es gibt sehr viele Spiele, bei denen Kooperation zum besten Ergebnis führt, allerdings erfordert dies Vertrauen. Darum bin ich sehr entsetzt, wenn ich „World Leader" höre, die über „America First" reden. Sicherlich kein Anzeichen für eine kooperative Spielstrategie.

Also darum viel Spaß bei ihrer nächsten Geburtstagsparty. Aber übertreiben Sie es nicht. Das Erlebnis wird sicherlich lange bei den Gästen hängen bleiben.

Kann man die Zukunft berechnen?

In diesem letzten Unterkapitel strapazieren wir mal unsere Vorstellungskraft und begeben uns auf philosophische, teilweise religiöse, mathematische Abwege. Es geht schlicht weg darum, ob unsere Zukunft vorprogrammiert ist, und ob wir diese eventuell sogar berechnen können.

Was ist ihre initiale Reaktion? Wahrscheinlich ist sie „Nein, das geht nicht und was soll überhaupt die Frage?". Aber lassen Sie uns diese Frage doch etwas näher diskutieren, aus mathematischer Sicht versteht sich.

Fangen wir einmal ganz banal an. Sie steigen um 5:37 in Hamburg in den ICE ein und wissen, dass sie in München um 12:38 ankommen. Also haben sie - durch das Lesen des Fahrplans - ja eine Sicht der Zukunft erhalten, oder? Sie haben 1.000 € in ihrem Sparstrumpf und wissen, dass sie pro Woche davon 100 € brauchen. Daher können sie leicht ausrechnen, dass sie ihren Sparstrumpf in 10 Wochen leergeräumt haben. Sie wissen daher, wann in der Zukunft ihr Geld aufgebracht ist. Sie wollen ein Vollbad nehmen. In ihre Badewanne passen 180 Liter und sie wissen, dass aus ihrem Wasserhahn 20 Liter pro Minute kommen. Daher können sie ja leicht ausrechnen, dass in 9 Minuten die Wanne voll ist und sie einsteigen können. Sie haben gewissermaßen ausgerechnet, was in 9 Minuten sein wird. Sie werden sagen, das hat ja nicht richtig was mit Zukunftsberechnung zu tun. Daher steigen wir noch etwas weiter ein in die Materie.

Wenn sie einen Baseball mit einer gewissen Kraft in eine gewisse Richtung werfen, dann können sie mit physikalischen Gesetzen ausrechnen, wie weit der Baseball fliegen wird und auch wann er am Boden aufschlägt. Ich erspar uns jetzt diese Bewegungsgesetze im Detail zu diskutieren, aber vielleicht können sie sich ja noch dunkel daran erinnern. Aber es gibt physikalisch Gesetze und Formeln, die man verwenden kann, um auszurechnen, wo etwas in der Zukunft sein wird. Stimmen sie da zu? Auch bei der Reise zum Mond wurde im Vorfeld genau ausgerechnet, wann die Astronauten den Mond erreichen.

Viele dieser zugrundeliegenden Physik wurde im 17. Jahrhundert von Isaac Newton erkannt und formuliert. Seine Newtonschen Gesetze haben die Physik revolutioniert. Erinnern sie sich noch an die drei wesentlichen Gesetze von Herrn Newton?

Hier noch einmal eine kleine Zusammenfassung dieser Gesetze [16]:

1. Ein Körper verharrt im Zustand der Ruhe oder der gleichförmig geradlinigen Bewegung, sofern er nicht durch einwirkende Kräfte zur Änderung seines Zustands gezwungen wird.

2. Die Änderung der Bewegung ist der Einwirkung der bewegenden Kraft proportional und geschieht nach der Richtung derjenigen geraden Linie, nach welcher jene Kraft wirkt.

3. Kräfte treten immer paarweise auf. Übt ein Körper A auf einen anderen Körper B eine Kraft aus (actio), so wirkt eine gleich große, aber entgegen gerichtete Kraft von Körper B auf Körper A (reactio).

Was wollte Newton uns damit sagen? Letztlich sagt er, dass ein Körper in Ruhe, der nicht durch etwas gestört wird, weiterhin in Ruhe bleibt. Ein Körper in Bewegung wird diese Bewegung beibehalten, solange er nicht von etwas gestört wird. Und zum Schluss sagt er noch, dass Kräfte (und Störungen) immer paarweise auftreten.

Wenn ich nun einen Ball auf einer Ebene ins Rollen bringe, dann müsste er ja ewig weiter rollen. Tut er ja aber nicht. Passt aber zu den Vorhersagen von Newton, da die Reibung und der Luftwiderstand ja gewissermaßen eine Störung sind, die die Bewegung des Balles beeinflussen. Aber nehmen wir mal eine Rakete. Eine Rakete braucht am Anfang eine riesige Kraft, um das Anziehungsfeld der Erde zu verlassen. Wie schaut die Situation aus, wenn sie aus dem Anziehungsfeld herausgekommen ist? Im Weltall gibt es keine Reibung, da dort ja nichts ist, woran man sich reiben kann. Wenn die Rakete nach dem Verlassen der Erdanziehung eine Geschwindigkeit von 20.000 km/h hat, dann fliegt sie (ohne weitere Kraft oder Düsenantrieb) mit dieser Geschwindigkeit immer weiter, bis sie vielleicht in 37 Jahren auf ein Hindernis prallt. Stimmen sie mir so weit zu? Wenn ja, dann heißt das, dass wir berechnen können, wo sich die Rakete in 245 Tagen und 4 Stunden aufhalten wird. Wir berechnen also die zukünftige Position der Rakete.

Machen wir weiter mit unserem Gedankenspiel. Was passiert, wenn zwei Körper aufeinanderprallen? Dann gilt Newtons drittes Gesetz. Es gibt eine Kraft und eine Gegenkraft. Spielen wir diese Situation einmal an zwei Beispielen durch.

Ein Auto prallt mit 90 km/h frontal gegen eine Betonmauer. Vom Auto wirkt eine Kraft auf die Betonmauer und die Betonmauer wirkt zurück. Da die Betonmauer aber stabiler ist, werden vielleicht nur ein paar Brocken der Betonmauer herausfallen. Das Auto allerdings wird durch die Kraft des Aufpralls stark verformt. Sie haben sicher schon im Fernsehen derartige „Crashtests" gesehen. In der Regel werden die Autos dann ganz schön in Mitleidenschaft gezogen. Aber ob sie es nun glauben oder nicht. Diesen Vorgang kann man auch mathematisch berechnen. Dies ist sehr aufwendig und kompliziert. Sie benutzen dabei Dinge, wie die Finite-Element-Methode. Sie können das ja einmal im Internet nachlesen, falls sie dies interessiert. Wie gesagt, die Berechnung ist aufwendig und kompliziert. Aber sie können die Verformung des Autos ausrechnen und dann auch einen Computer verwenden, der ihnen zeigt, wie das Auto nach dem Aufprall aussehen wird. Sie berechnen gewissermaßen, wie das Auto in der Zukunft aussehen wird, nachdem es gegen die Betonmauer geprallt ist.

Machen wir ein weniger dramatisches Beispiel und spielen etwas Billard. Wenn eine Billardkugel eine andere Billardkugel trifft, dann wird sich die getroffene Billardkugel - durch die Kraft der anderen Billardkugel - in Bewegung setzen und die erste Billardkugel wird abgelenkt. Die erste Kugel bewegt sich daher mit einer anderen Geschwindigkeit in eine andere Richtung. Wenn sie selbst schon einmal Billard gespielt haben, dann wissen sie, wovon ich rede. Aber auch hier können sie mit physikalischen Verfahren ausrechnen, wie sich die angestoßene Kugel bewegen wird und wie die erste Kugel abgelenkt wird. Dies ist wiederum auch nicht trivial, aber es kann berechnet werden. Mittlerweile gibt es ja sogar Billardspiele für Computer oder Handys. Da wird dies dann auch berechnet. Die wichtige Erkenntnis ist, sie können auch dies berechnen. Daher können sie auch hier in die Zukunft blicken. Sie können nämlich vor ihrem Stoß ausrechnen, was passieren wird, wenn die beiden Kugeln aufeinandertreffen.

Sind sie noch bei mir? Halten wir Folgendes fest. Wenn man den Ort und die Geschwindigkeit eines Körpers kennt, dann ist man in der Lage vorauszuberechnen, wo dieser Körper in der Zukunft sein wird. Falls dieser Körper auf einen anderen Körper trifft, so können wir auch berechnen, welche Veränderungen sich daraus ergeben. All diese Rechnungen sind kompliziert und brauchen viel Zeit, aber sie sind möglich. Nehmen wir einfach einmal an, wir haben einen ganz ganz großen Computer. Dann kann der das sicher mit all den richtigen Formeln ausrechnen, bevor es wirklich passiert. Stimmen sie mir noch zu?

Jetzt machen wir einen gewagten Gedankensprung. Wir haben das Prinzip verstanden, wenn es um Billardkugeln, Autos und Raketen geht. Aber was haben Billardkugel, Autos und Raketen mit uns Menschen und unserer Zukunft zu tun. Reden wir daher mal über Menschen. Wir sind hochkomplexe biologische Strukturen. Aber wenn man uns im Detail betrachtet, dann bestehen wir, wie alles in unserem Universum, aus Molekülen und Elementen, die wiederum aus Atomen bestehen. Bisher hat man 118 verschiedene Elemente entdeckt, wie Sauerstoff, Stickstoff, Wasserstoff, Eisen, Gold, Kohlenstoff, etc. Aus diesen Elementen bestehen auch wir. Genauso wie ein Stein auch aus diesen Elementen besteht. Sind sie noch mit mir?

Die kleinsten Einheiten dieser Elemente sind Atome. Wissenschaftler haben ausgerechnet, dass ein 70 kg schwerer Mensch in etwa aus $6{,}7 \cdot 10^{27}$ Atomen besteht. Das ist eine riesig große Zahl mit 27 Nullen [17]. Übrigens sind von den 70 kg unseres angenommenen Menschen ungefähr 56 kg Wasser und 14 kg Kohlenstoff. Die anderen Elemente wie Stickstoff, Calcium, Phosphor, Schwefel, Natrium etc. sind zwar auch in uns Menschen, aber nur in sehr kleinen Mengen. Hätten sie gedacht, dass sie zu fast 80 % aus Wasser bestehen?

Nun, alles besteht aus Atomen. Wissenschaftler haben daher abgeschätzt, dass es in unserm Universum zwischen 10^{84} und 10^{89} Atome gibt [18]. Gigantische Zahlen.

Warum reden wir jetzt über Atome? Ganz einfach, weil es auf abstrakter Ebene Ähnlichkeiten gibt zwischen unseren Billardkugeln und unseren Atomen. Billardkugel sind zwar viel größer als einzelnen Atome, aber letztlich befindet sich eine Billardkugel zu einem bestimmten Zeitpunkt an einem bestimmten Ort und bewegt sich mit einer bestimmten Geschwindigkeit in eine bestimmte Richtung. Das Gleiche gilt auch für Atome. Jedes einzelne dieser 10^{89} Atome unseres Universums ist zu einem bestimmten Zeitpunkt:

1. an einem bestimmten Ort, und

2. bewegt sich mit einer bestimmten Geschwindigkeit in eine bestimmte Richtung.

Daher können wir theoretisch ausrechnen, wo sich diese Atome in der Zukunft befinden werden. Falls Atome mit anderen Atomen zusammenstoßen, dann können wir auch ausrechnen, wie die Atome entsprechend abgelenkt werden. Also im Prinzip ist unser Universum eine Art riesiges Billardspiel mit sehr vielen winzig kleinen Billardkugeln. Dann liegt der Schluss nahe, dass wir die zukünftige Position dieser Atome ausrechnen können. Dies könnten wir dann für jedes Atom im Universum tun, inklusive der Atome, aus denen wir Menschen bestehen.

Sie werden jetzt vielleicht argumentieren, dass diese Rechnungen sehr lange dauern und sehr kompliziert sind. Da stimme ich ihnen auch zu, aber mir geht es eher darum, dass man es theoretisch (oder wenn man vielleicht in der Zukunft ganz neue Computer hat) ausrechnen kann. Und wenn man etwas ausrechnen kann, dann ist es vorgegeben und vorbestimmt.

Das heißt dann, wenn die zukünftige Position aller Atome ausgerechnet werden kann, dann ist unsere Zukunft vorbestimmt. Es ist jetzt schon klar, wann sie ihr letztes Haar verlieren werden und ob sie jemals im Lotto gewinnen. Weil die Berechnungen allerdings sehr kompliziert sind und lange bräuchten, können wir es aber im Moment noch nicht ausrechnen. Aber es ist vorbestimmt. Daher egal, ob sie Koffein Shampoo benutzen oder nicht, der Zeitpunkt, wenn ihr letztes Haar ausfällt, steht bereits jetzt fest und stand dann auch fest, bevor sie eigentlich geboren waren.

Diese ist eine wilde Theorie, aber wenn sie mir Schritt für Schritt gefolgt sind, dann sollten sie diese Gedankengänge nachvollzogen haben. Starker Tobak, oder? Da wir ja alle aus Atomen bestehen, die sich bewegen oder mit anderen zusammenstoßen, wäre auch unsere Zukunft berechenbar und bereits festgelegt. Daher wäre es schon entschieden gewesen das sie dieses Buch lesen, bevor es eigentlich geschrieben wurde. Unglaublich!

Wenn sie verschnaufen wollen, dann nur zu. Aber falls sie es tun, dann war dies auch vorbestimmt und sie können ohnehin nichts dagegen tun.

Diese Gedankengänge sind übrigens nicht von mir. In abgewandelter Form hat sich der französische Mathematiker Pierre Laplace bereits im frühen 19. Jahrhundert mit diesem Sachverhalt beschäftigt. Übrigens war Laplace auch einer der Väter der Wahrscheinlichkeitsrechnung. Wenn sie das Kapitel in diesem Buch dazu gelesen haben, dann stammen viele dieser Überlegungen von ihm.

Nachdem Laplace keine Computer gekannt hatte, sprach er von einer Art Dämon, der all diese Bewegungen berechnen könne. Daher wird dieses Gedanken-Experiment als „Laplacescher Dämon" bezeichnet.

Laplace schrieb 1814 in einem Aufsatz:

„Wir müssen also den gegenwärtigen Zustand des Universums als Folge eines früheren Zustandes ansehen und als Ursache des Zustandes, der danach kommt. Eine Intelligenz, die in einem gegebenen Augenblick alle Kräfte kennt, mit denen die Welt begabt ist, und die gegenwärtige Lage der Gebilde, die sie zusammensetzen, und die überdies umfassend genug wäre, diese Kenntnisse der Analyse zu unterwerfen, würde in der gleichen Formel die Bewegungen der größten Himmelskörper und die des leichtesten Atoms einbegreifen. Nichts wäre für sie ungewiss, Zukunft und Vergangenheit lägen klar vor ihren Augen." [19]

Er sagt damit, wenn es eine Instanz gäbe, die für alle Teile des Universums den Ort und die Bewegung kennt, dann kann diese Instanz aufgrund der Gesetze der Physik die Zukunft und auch die Vergangenheit beschreiben.

Und nun? Irgendwie schockierend, dass egal was wir tun, ja alles bereits vorbestimmt ist. Egal ob ich für eine Prüfung lerne oder nicht, es steht schon fest, ob ich die Prüfung bestehe oder durchfalle. Das wäre ja dann die Konsequenz und ich kann verstehen, wenn sie damit nicht glücklich sind.

Darum gebe ich jetzt Entwarnung und sage ihnen, dass der liebe Herr Laplace mit seinem Gedankengang falsch lag. Allerdings konnte er dies im 19. Jahrhundert noch gar nicht wissen, da erst 100 Jahre danach Wissenschaftler ein neues seltsames Phänomen untersucht haben.

Um 1925 gab es eine Reihe von Wissenschaftlern, wie zum Beispiel Werner Heisenberg, Max Born, oder Erwin Schrödinger, die feststellten, dass ihre Beobachtungen bei sehr sehr kleinen Teilchen nicht mehr exakt mit den bisherigen (nach Isaac Newton) Formeln und Postulaten übereinstimmten. Das heißt, diese Bewegungsgesetze, die wir über Jahrhunderte verwendet haben und auch jetzt noch verwenden, stimmen nicht, wenn wir sie für die Bewegung von Elektronen und Protonen anwenden wollen. Die Beobachtungen für extrem kleine Teile und die errechneten Werte weichen einfach voneinander ab. Allerdings liefern die Newtonschen Gesetzte für Dinge in normaler Größe, wie Autos, Billardkugel und Raketen durchaus richtige Ergebnisse. Nur im ganz Kleinen, da stimmen sie nicht. Diese Beobachtungen führten dann zur Formulierung einer völlig neuen Sparte der Physik, nämlich der Quantenphysik. Die Quantenphysik ist extrem faszinierend, und die Dinge dort sind wirklich absurd. Dort kann eine Katze gleichzeitig tot und lebendig sein. Suchen Sie mal im Internet nach „Schrödingers Katze".

Also im Rahmen dieser Quantenphysik wurde gezeigt, dass es bei diesen ganz kleinen Teilchen nicht möglich ist gleichzeitig Ort und Geschwindigkeit zu bestimmen. Das heißt, wenn ich weiß, wo sich so ein kleines Teilchen gerade befindet, dann kann ich nicht genau angeben, wie schnell es sich zu diesem Zeitpunkt bewegt. Das gilt auch umgekehrt. Wenn ich weiß wie schnell und in welche Richtung sich so ein kleines Teilchen bewegt, dann kann ich nicht genau sagen, wo es sich gerade im Moment befindet. Diese Erkenntnis nennt man die „Heisenbergsche Unschärferelation". Heisenberg bekam für seine Arbeiten auf diesem Gebiet den Nobelpreis für Physik.

Was hat diese Unschärfe nun mit unserem Laplace Dämon zu tun? Bei dem Laplace Gedankenspiel haben wir immer gesagt, dass jeder Körper zu einem bestimmten Zeitpunkt an einem bestimmten Ort ist und sich mit einer bestimmten Geschwindigkeit bewegt. Aber genau dies hat die Quantenphysik für nicht richtig erklärt. Unser Gedankenspiel folgte daher auf einer falschen Annahme. Aus einer falschen Annahme kann man keine sinnvollen Schlüsse ziehen.

Insofern, absolute Entwarnung. Sie können weiter Koffein Shampoo verwenden, weil es noch nicht vorbestimmt ist, wann ihnen das letzte Haar ausfällt.

Damit ist dann auch Schluss zumindest mit diesem Buch.

Glückwunsch, wenn sie es bis hierhergeschafft haben.

Jetzt ist erst mal Schluss

Wenn sie hier angekommen sind, dann hoffe ich mal, dass sie dieses Buch oder zumindest einen Teil davon gelesen haben. Ich weiß natürlich, dass dies kein zwingender Schluss ist. Sie könnten ja direkt vom Inhaltsverzeichnis zum Schlusswort gesprungen sein.

Falls sie das Buch gelesen haben oder zumindest einen Teil davon, dann haben sie hoffentlich gemerkt, dass ich noch immer viel Begeisterung und Freude an der Mathematik habe. Ich bin auch der Meinung, dass man mit etwas Mathe einfach besser durch das Leben kommt und das Mathe die Vielfalt, die uns umgibt, sehr gut beschreiben kann.

Daher hoffe ich, dass sie etwas Spaß an dem Buch hatten, und vielleicht auch, das eine oder andere Nützliche mitgenommen haben.

Jeder hat so seine Erlebnisse, die er anders gemeistert hätte mit etwas mehr Mathe. Ich denk da oft an meinen Jugendfreund Karl-Heinz, der immer wieder Schwierigkeiten mit Bruchrechnen hatte. Als wir einmal gemeinsam in einer Pizzeria waren, fragte der Kellner meinen Freund Karl-Heinz, der sich gerade eine Pizza Salami bestellt hatte, ob er die Pizza in 6 oder 8 Stücke teilen sollte. Mein Freund Karl-Heinz antwortete dann zur Verwunderung des Kellners „Machen sie lieber 6 Stücke, weil 8 Stücke schaffe ich heute nicht". Ich bin mir sicher, dass er auch die 8 Stücke geschafft hätte, aber diese mühselige Diskussion wollte ich mir damals ersparen.

Für Anregungen und Kommentare bin ich jederzeit offen.

Ich möchte enden mit einer Aussage von einem meiner Mathe-Profs. Die Aussage fand ich damals sehr amüsant, aber mittlerweile glaube ich fest dran, dass er recht hatte. Ein Student fragte diesen besagten Professor, ob er wisse, wo die drei Studenten sind, die immer in der ersten Reihe saßen. Darauf antwortete der Professor, dass die besagten drei Studenten jetzt ein Kunststudium begonnen haben, weil es ihnen an genügend Fantasie für ein Mathestudium fehlte.

Bis bald und immer schön logisch bleiben.

Anhang

Quellen

[1] https://www.focus.de/politik/deutschland/eu-statistik-enthuellt-kreative-buchfuehrung-griechenlands_aid_677999.html

[2] https://www.greelane.com/wissenschaft-technologie-mathematik/wissenschaft/number-of-atoms-in-the-universe-603795/

[3] https://www.cio.de/a/warum-heisst-google-eigentlich-google,3050075

[4] https://de.wikipedia.org/wiki/Quadratische_Gleichung

[5] https://www.ingenieur.de/karriere/arbeitsleben/alltag/kopfrechnen-wie-kann-ich-es-verbessern/

[6] https://de.wikipedia.org/wiki/Mile_(Einheit)

[7] https://de.statista.com/statistik/daten/studie/155740/umfrage/entwicklung-der-hypothekenzinsen-seit-1996/

[8] https://de.wikipedia.org/wiki/Edward_N._Lorenz

[9] https://de.linkfang.org/wiki/Barbier-Paradoxon

[10] https://de.wikipedia.org/wiki/Syllogismus#Einfache_Umwandlung

[11] https://de.wikipedia.org/wiki/Nash-Gleichgewicht

[12] http://www.spieltheorie.de/spieltheorie-grundlagen/gefangenendilemma/

[13] https://webbaer.wordpress.com/2009/08/05/spieltheorie-das-gefangendilemma/

[14] https://de.wikipedia.org/wiki/Dollarauktion

[15] https://de.wikipedia.org/wiki/Dollarauktion

[16] https://de.wikipedia.org/wiki/Newtonsche_Gesetze

[17]
https://www.leifiphysik.de/atomphysik/atomaufbau/aufgabe/aus-wie-vielen-atomen-besteht-ein-mensch

[18]   https://www.swr.de/wissen/1000-antworten/wissenschaft-und-forschung/1000-antworten-1298.html

[19] https://de.wikipedia.org/wiki/Laplacescher_Dämon

[20] https://de.wikipedia.org/wiki/Sekretärinnenproblem

[21]
http://www.matheraetsel.de/archiv/Zahlentheorie/Geburtstag/geburtstag2.pdf